COUP-D'ŒIL

SUR

NOTRE CONSTITUTION

ET NOS FINANCES.

COUP-D'ŒIL

NOTRE CONSTITUTION

ET NOS FINANCES,

Par M. Goupy.

Paris,

IMPRIMERIE DE GUIRAUDET ET JOUAUST,

RUE SAINT-HONORÉ, 315.

—

1847.

COUP-D'ŒIL

SUR NOTRE CONSTITUTION

ET NOS FINANCES.

CHAPITRE Ier.

Définitions.

PEUPLE EN SOCIÉTÉ, ÉTAT, CITÉ : Multitude d'hommes réunis sous le même souverain, ou par la volonté de Dieu, ou de leur consentement mutuel, dans l'intérêt de tous et de chacun.

SOUVERAIN : Être, simple ou collectif, investi par Dieu ou par le peuple du droit de commander à tous.

PRINCE, GOUVERNEMENT : Personne ou corps procédant du souverain, et en qui réside son action.

CONSTITUTION : Conditions et règles de la souveraineté.

LOIS : Conditions et règles de la société.

POUVOIR LÉGISLATIF : Pouvoir de faire les lois, attribut du souverain seul.

Pouvoir exécutif : Pouvoir de faire exécuter les lois, et d'administrer pour tous. Attribut du prince.

Richesse : Tous les biens matériels à notre usage.

Capital : Excédant de la richesse produite sur la richesse consommée ; accumulation de cette richesse ou de signes qui la représentent.

Immeubles : Portions de terres ou maisons, et tout ce qui est inhérent ou à ces maisons ou à ces terres.

Propriété : Droit exclusif de disposer à notre guise, sans nuire à autrui, d'une richesse quelconque. Les propriétaires.

Travail : Déploiement de force ou d'intelligence. Les travailleurs.

Dépense : Emploi de richesses soit en consommation, soit en jouissances, soit en paiement de travail.

Productif : Qui crée une richesse.

Improductif : Qui ne crée aucune richesse ou qui n'en crée point de réelle.

Impôts, Taxes : Contribution de chacun aux dépenses communes, ordonnées comme ces dépenses par le souverain.

Impôts directs : Sur les immeubles, sur les capitaux et les personnes.

Indirects : Sur les transactions et sur les consommations.

Budget : Exposé des dépenses et des recettes jugées par le prince nécessaires à l'état, et soumises par lui à l'approbation du souverain.

CHAPITRE II.

Paupérisme. Sa cause.

Au point de civilisation où en sont les peuples, ce n'est plus la guerre extérieure qui les perdra, c'est le paupérisme ou la guerre civile, soit que les pauvres se laissent périr, soit que le désespoir les arme. Les gouvernements trouvent commode de penser et de dire que le paupérisme tient à la force des choses, à l'inégalité des hommes. Je le croyais aussi, j'ai cherché à m'en rendre compte, et j'ai trouvé qu'il vient tout entier, ou de lois mauvaises ou de l'absence de bonnes lois, c'est-à-dire du gouvernement. Qu'on ne me prenne pas, à ce début, pour un Saint-Simonien, un Fouriériste, un Owénite, un arrangeur de société nouvelle, en vertu d'un droit de souveraineté quelconque sur la liberté ou sur la propriété de chacun. Bien que je ne croie pas la liberté plus dans la nature de l'homme que l'égalité, son libre arbitre nécessitant pour lui des lois, tandis que les bêtes ont dans leur instinct une loi commune toute faite, je ne me dissimule point que toute société de l'âge de la nôtre doit être considérée comme mutuellement consentie, que le but de ce consentement général est précisément que la propriété et la liberté de chacun soient garanties par la force de tous; que la dissolution seule de la société peut remettre ces droits individuels en question, et que tout vaut mieux que cette dissolution, qui n'est autre chose que la guerre. Nul n'est donc moins enclin que moi à prendre pour tous à quelques uns Mais, à plus forte raison, ne faudrait-il pas qu'une fausse souveraineté prît à tous et à quelques uns, pour quelques autres, ce dont la souveraineté véritable n'a pas elle même le droit de disposer.

Je reviens au paupérisme. Il est vrai que les machines privent temporairement un grand nombre de bras de salaires. Mais ces bras peuvent se retourner plus ou moins vite vers la culture, les constructions, les mines, la navigation ; les choses que ne font pas les machines se multiplier d'autant plus, et la population par conséquent risquer d'autant moins à s'accroître. Il est très vrai que beaucoup de gueux se plaisent à l'être ; que le commerce, la médecine, la basoche, l'administration, l'armée, la propriété oisive ne produisent rien, et consomment. Mais la puissance de production de la terre et du travail est telle que, si tous les hommes s'y livraient également, ils n'auraient pas besoin de le faire deux heures sur vingt-quatre pour se procurer toutes les jouissances matérielles possibles. Il est très vrai encore que la propriété oisive et le travail improductif exploitent le travail productif : l'une, par les rentes qu'elle tire de lui pour loyer de ses immeubles et de ses capitaux ; l'autre, par le prix qu'il exige de ses services, intérêt souvent usuraire du savoir, son capital ; tous deux par l'insuffisance des salaires qu'ils lui rendent, grâce au besoin qui presse toujours la classe la plus nombreuse de leur offrir ses bras, tandis qu'ils peuvent presque toujours attendre jusqu'à ce qu'elle accepte d'eux ce qu'ils veulent bien lui donner. Mais la concurrence des travailleurs productifs à offrir leurs bras , les propriétaires et les travailleurs improductifs se la feraient, pour les leur demander, de manière à neutraliser l'autre , si quelque cause étrangère ne venait pas rendre excessive l'inégalité qui existe naturellement entre ces deux concurrences. Car, indépendamment du travail dont on a besoin , plus on est riche plus on en commande par caprice ; et si , dans cette balance, le plateau des propriétaires l'emporte sur celui des travailleurs à cause de l'avantage de la concentration des demandes sur la diffusion des offres, cet avantage ne doit pas tarder à disparaître par la division des héritages, qui est venue s'ajouter depuis soixante ans aux révolutions de fortune. Il est évident que le passage continuel de travailleurs à la propriété, en plus grand nombre que de propriétaires au travail, doit finir par produire un équilibre presque parfait entre les concurrences que se font, dans chacune des deux classes, les membres dont elles se composent.

Le paupérisme n'est donc un résultat inévitable et qui doive durer toujours ni des machines, ni de la paresse de quelques pauvres et de l'inaction de beaucoup de riches, ni même des avantages naturels de la propriété et du travail improductif sur le travail productif. Il peut être amoindri, prévenu , et ne serait pas chez nous ce qu'il est, si le gouvernement ne coûtait pas tant de salaires et ne détruisait pas sans relâche plus de richesse qu'il ne sert à en conserver; s'il ne faisait pas, comme dépenses productives, tant de dépenses stériles, et de plus ne commettait pas une faute grave en chargeant le présent, par des impôts, de trop de travaux, productifs, il est vrai, mais qui, ne devant profiter qu'à l'avenir, ne doivent être payés que par lui; s'il ne diminuait pas la consommation, c'est-à-dire le bien-être, par cette surcharge des impôts; la reproduction, c'est-à-dire la source du bien-être, par la maladresse de leur assiette; les transactions, c'est-à-dire le mouvement, par mille stupides entraves; le crédit entre particuliers, c'est-à dire le travail sans capital, par sa rigueur à n'en accorder lui-même aucun pour l'acquittement de ses droits (1); si, après avoir ainsi épuisé propriété et travail à la fois, sans s'occuper jamais d'institutions qui puissent réparer ses torts en développant la richesse, et sans pourvoir aux moments où les travailleurs remplacés par les machines se trouvent sans occupation, il ne combinait pas toutes ses taxes de manière à peser sur le travail plus que sur la propriété, et ne défendait pas en même temps au premier, au lieu de le lui faciliter et de le lui prescrire l'exercice du seul droit naturel qui pût lui rendre la vie légère, du droit d'association; si, non content de tout cela, il ne laissait pas recueillir par la propriété seule des bénéfices et des revenus qui appartiennent à tous, et doivent servir à alléger les charges du travail comme les siennes.

(1) Les entrepôts sont des facilités, point des crédits.

CHAPITRE III.

Origine des mauvaises lois.

C'est une chose curieuse que des lois toutes dans ce sens chez un peuple qui a changé huit fois de constitution en moins de soixante ans. Mais qu'on veuille bien se rappeler que la civilisation n'était entrée chez les Gaulois qu'avec les Romains leurs vainqueurs ; que les Goths, les Francs, les Bourguignons, les Normands, étaient ensuite venus, comme des torrents, leur faire la loi et prendre les trois quarts de leurs terres ; qu'en vertu d'une étourderie, d'une abnégation d'eux-mêmes qui leur propre, ils s'étaient battus, depuis Clovis, c'est-à-dire 1,200 ans entiers, l'un contre l'autre, pour ces vainqueurs divisés entre eux, au lieu de se réunir contre eux, supérieurs qu'ils leur étaient en nombre, pour se soustraire à leur joug ; qu'ils n'étaient arrivés, au bout de cet énorme laps de temps, sous la minorité de Louis XIV, qu'à l'avantage de n'être plus pressurés, raccolés, pendus, au nom de plusieurs, mais d'un seul, et que, pour les pousser à s'entendre enfin, il avait fallu, depuis ce prince, un cynisme incroyable dans ses successeurs, puis un affreux malheur, la défaite de la religion chrétienne par la philosophie. On trouvera tout naturel qu'un tel peuple, tout à coup maître, ait effrayé l'Europe de ses excès ; qu'il

se soit livré, pour se défendre, à un despote; pour res-
pirer, à ses anciens rois; puis, pour chasser ceux ci sans
rallumer la guerre, à des hommes de juste milieu : toujours détourné, par des tourmentes, et par des besoins,
leurs suites, d'idées qu'un calme exempt de dépenses
extraordinaires permet seul de méditer et de mettre à
exécution. Ce qui est étonnant, c'est qu'un roi aussi
avisé que le nôtre, un roi qui a toujours professé la souveraineté du peuple, un roi qui n'est roi que par elle, et
à qui une chambre jalouse n'a confié qu'affaibli par des
modifications à la Charte le pouvoir repris par le peuple
à ses princes de droit divin, n'ait pas, à peine sur le
trône, ordonné à ses ministres de tant travailler pour les
masses, qu'elles vinssent tout entières à lui; c'est qu'il
ne voie pas que, le principe auquel il doit sa couronne
l'isolant de toute l'Europe et d'une partie de la France,
tout s'écroulera après lui, s'il quitte ce monde sans avoir
constitué comme elle doit l'être cette souveraineté dont
il est le prince, ni seulement donné quelques lois telles
qu'elle les veut. Il maintient toutes celles issues du
principe opposé au sien; il n'en laisse passer, il n'en
exécute que de semblables. Comment se soutiendra-t-il
avec elles, quand on reconnaîtra qu'à elles seules on
doit tout ce qu'on souffre, et qu'il a beau changer de
ministres, aucun d'eux n'en apporte d'autres ?

CHAPITRE IV.

Vice de notre constitution.

Qu'il soit distinct de l'univers ou qu'il en soit l'âme, Dieu ne se conçoit qu'unique en une ou en trois personnes : car deux, ce serait le bien et le mal , et Dieu ne peut être que le bien; ce serait un impuissant antagonisme, et Dieu est le tout-puissant. Qu'il soit cru imposé par Dieu au peuple (c'est le droit divin), ou qu'il soit l'âme du peuple (c'est la souveraineté populaire), il faut que le souverain soit en un ou en trois comme Dieu , pour ne vouloir comme lui que le bien, et pour que le prince, son action, ne rencontre aucune résistance. Une royauté irresponsable, une noblesse, un tiers état, voilà un souverain, une trinité de droit divin dont la royauté est le prince. Une présidence responsable, la propriété, le travail, voilà un souverain, une trinité populaire dont la présidence est le prince. Avons-nous cette trinité, avons-nous ce prince, nous qui nous prétendons la source de la souveraineté ? Non : titre, hérédité, irresponsabilité, nous avons tout gardé du droit divin. Et ce n'est pas là le mal : tant mieux si le peuple perd de vue que, tout émanant de lui, il peut tout reprendre! mais depuis quinze ans, pas un ministre qui ait voulu donner des correctifs à ces infractions au principe. Pour n'avoir jamais l'idée de punir la personne royale, il faut que le peuple ait ailleurs sur qui décharger sa colère. Pour n'avoir jamais l'idée de la changer, il faut qu'il la puisse croire autre quand elle a d'autres ministres. Eh bien, tous restent irresponsables comme elle ; elle en change, et rien n'est changé. Il n'y a, je le répète, de souverain qu'à un ou à trois. Eh bien, ils n'admettent dans la chambre élective que l'élément de la pairie, que la seule propriété. Propriété et royauté ne font que deux : ce n'est pas là un souverain.

La royauté est compromise par l'absence de responsabilité ministérielle sérieuse. Elle l'est par deux dualismes : 1° le droit divin dans beaucoup de ses lois, et le droit du peuple dans la pensée du peuple ; 2° deux pouvoirs au lieu de trois dans le souverain dont elle est prince. Une seule de ces deux causes suffit pour tuer une dynastie.

CHAPITRE V.

Tyrannie de la propriété. Aveuglement de la royauté.

Tous les biens de ce monde sortent de la terre ou de la mer. C'est le travail qui les en tire et qui les approprie à notre usage. Et on ne lui en laisse que de quoi vivre, moins que de quoi vivre, si on peut ! C'est une condition de paix que le droit de propriété, et la propriété, qui s'arrêterait si elle était seulement avertie, en use sans scrupule comme d'une arme, pour faire au travail dans la paix la guerre, pour lui arracher toute cette richesse qu'elle doit lui distribuer ! Et les ministres de la royauté, de la royauté instituée pour défendre qui l'on opprime, s'unissent à elle! Et ils oublient que, si la société est souveraine, le droit comme la force de tout dissoudre est dans sa majorité, et que le travail l'a peut-être, cette majorité terrible! Je n'en sais rien. Souverain en 91, il a fait trop de mal aux siens et aux autres, pour ne pas reculer de lui-même devant l'idée de le redevenir. Ce souvenir et le besoin de salaires le divisent et doivent l'affaiblir. Mais le désespoir ne peut-il pas le rendre plus fort à lui seul que la propriété et la royauté réunies? Et celle-ci, ne court-elle pas le risque d'être abandonnée ou chassée par la propriété le jour où elle ne lui obéira plus? Que ses conseillers songent bien à ceci :

Des trois éléments de la société, dont elle est l'un, deux, la propriété et le travail, sont des pouvoirs naturels, et qui existeraient sans elle. Elle seule est de convention, et ne peut exister que par eux. Tiers du souverain entre eux deux, elle tire sa viabilité et sa force de son utilité, de sa destination de balance, de son droit, qui est, comme son devoir, d'équilibrer. Moitié de souverain avec l'un des deux, elle lui est, comme volonté, nuisible, si elle a une volonté à elle; inutile, si elle n'en a point; et n'étant que consentie, non naturelle, c'est elle qui serait sacrifiée s'il y avait lutte. De moitié en 1791 avec le travail, n'a-t-elle pas péri sa victime? Aujourd'hui, de moitié avec la propriété, où en est-elle arrivée? A l'impuissance. Un tel état n'est bon ni pour la France ni pour la royauté.

CHAPITRE VI.

La propriété souveraine à elle seule.

Est-elle un souverain possible ? Est-elle un bon souverain ? — Possible, comment ne le serait-elle pas ? La moitié du travail est dans ses rangs, et l'autre moitié dépend d'elle. — Bon, c'est une autre question et qui a besoin d'examen. — *Homo homini est lupus.* Rien n'est plus vrai que ce proverbe, de la moyenne propriété, parce que sa vanité lui fait toujours trouver qu'elle n'a pas assez pour elle-même, et de la nation Israélite parce que deux mille ans de mépris l'ont aigrie contre le genre humain. On a beau l'admettre à tout, on ne parvient à lui ôter ni ses souvenirs ni ses rancunes. Ces deux classes, dont la dernière domine maintenant la première, n'apprennent d'ailleurs, en général, que ce qu'il faut savoir pour un métier. Il en résulte une absence d'idées générales, une bassesse de sentiment, une sécheresse de cœur, telles que jamais on ne se les serait figurées avant leur avénement aux affaires du pays. Mais il faut prendre garde à une chose, c'est que ni le pays, ni elles-mêmes, ne se sont encore rendu compte de leur position, et ne savent par conséquent qu'elles ont tout le pouvoir. Elles ne sont ainsi responsables d'aucun autre intérêt que le leur. Elles vont à leur affaire, sans penser à celle des autres. Elles prennent au travail, elles tirent de la royauté tout ce qu'elles peuvent, parce qu'elles pensent que c'est au travail et à la royauté de se défendre. A leurs yeux, chacun pour soi, le ciel où le souverain pour tous. Si elles le devenaient sans partage, ce souverain, personnification du peuple ; si elles ne pouvaient plus cacher leurs exactions sous le manteau de la royauté, cette royauté venant à être connue de tous pour dépendre d'elles, croit-on qu'elles agiraient de même ? Non, évidemment non. En vue, elles voudraient paraître dignes de leur fortune. Ce besoin de gloire ne naîtrait pas en elles, que celui de leur conservation y suppléerait. Elles deviendraient moins égoïstes, plus timides, plus économes, choisiraient d'ailleurs le prince plus haut qu'elles, soit par mutuelle jalousie, soit dans leur propre intérêt, et donnant moins à ce prince nouveau que celui actuel ne leur prend, elles pressureraient moins. La trinité serait plus sûre qu'elles pour l'intérêt général, si pendant qu'il en est temps encore, Louis-Philippe, avec son habileté consommée, voulait et pouvait la compléter. Mais il a de cela plus besoin que la France. Pour la France, ou la propriété ou la royauté, souveraine seule, c'est tout un.

La royauté a eu son tour, et cela 1,400 ans. Il ne lui reviendra plus. Le travail a eu le sien quelques années, et n'a ni su ni pu en profiter. A la propriété maintenant. Et voyez comme la chose est facile ! La propriété, c'est la garde nationale. Sol, capitaux, immeubles, lumières, force enfin, tout lui appartient. Elle est armée, organisée.

L'imprimerie et le tambour peuvent la rassembler dans tout le pays à la fois. Elle est le vrai souverain de fait. Elle n'a qu'à vouloir, qu'à parler, pour le devenir de droit. C'est donc à la royauté d'émanciper le travail, de l'appeler en tiers dans le souverain, pour que la propriété ne le devienne pas à elle seule.

Je sais bien que cette propriété, dont on voudrait devenir maître, au lieu de rester son valet, on la divise en deux catégories, dont on fait piller l'une par l'autre, au moyen d'un agiotage effréné ; que l'on crée ainsi un certain nombre de grands vassaux, avec qui on partage les dépouilles des victimes, et qu'en choisissant pour chefs de cette féodalité nouvelle tout ce qu'il y a par état de plus cupide, on a raison de compter de leur part sur le plus ardent dévoûment. Donner après cela, troc pour troc, seulement contre députés complaisants, non seulement toutes les fonctions publiques du royaume, mais jusqu'aux chemins, aux églises, aux écoles, que l'on doit à tous, puisque tous paient, est assurément un adroit complément de ce système, grâce auquel la France, en quinze ans, a vieilli de cent, comme un homme vieillit vite d'une maladie honteuse. Mais quelle que soit la multitude de places et de rapines, le nombre des copartageants ne peut arriver au centième de ceux qui paient. Partis du même point ou de plus bas que ces derniers, et méprisés par eux, ils n'auront jamais, Dieu merci, ni la force ni l'ascendant moral qu'avaient les chefs des Francs pour contenir leurs pairs : *Duces ex virtute le-*

gunt; et ce gouvernement, trouvé, dit Montesquieu, dans les bois, a beaucoup de chances pour redevenir quelque jour ce qu'il y était : *Nihil publicæ rei agunt nisi armati.* Quand on est où nous en sommes, qui prend l'initiative réussit. Dieu veuille que ce soit la royauté qui la prenne, en présentant quelques lois électorales et de responsabilité ministérielle, telles qu'à la face du pays les chambres ne puissent pas les repousser !

CHAPITRE VII.

Dépenses stériles, ou profitables seulement dans l'avenir.

Il faudrait, pour diminuer les gens de justice, que la société fût meilleure ; pour désarmer, qu'elle fût unie ; pour décentraliser, qu'elle fût instruite. Je ne puis donc indiquer de réductions immédiates ni dans la justice et les cultes, ni dans les affaires étrangères, la guerre et la marine, ni dans l'intérieur. Ni pour les canaux, ni pour les chemins, on ne peut non plus s'arrêter. Mais je puis et je dois faire remarquer qu'entre les quinze ans de la restauration et quinze ans de l'ordre de choses actuel, il y a, pour la marine, la guerre et les affaires étrangères, une différence de plus d'un milliard effectif, qui, avec ses intérêts, en vaudrait aujourd'hui près d'un et demi, et que cette effroyable destruction de capitaux tient tout entière au désaccord entre Louis-Philippe et son principe. En faisant le roi de droit divin avec les puissances de l'Europe, il n'a obtenu d'elles qu'une chose : c'est qu'elles le regardassent, l'arme au bras, endormir, museler, chez nous la souveraineté populaire. En se posant ce qu'il est, le prince de cette souveraineté, il leur eût assez imposé par l'immense force de la France, pour que pas une d'elles osât, en levant une armée, lui donner l'idée d'en faire autant. Ajoutons aux 1,500 millions que nous aurions sans ce déplorable dualisme, le travail de 100 mille hommes au moins, pendant 15 années de 300 jours à 3 fr. l'un, ce qui aurait fait, intérêts compris, près de 3 milliards. — Voilà en tout quatre milliards et demi qu'il nous en coûte pour avoir proclamé, en face de toute l'Europe, qu'elle inquiète, la souveraineté du peuple, sans la fonder!

Je ne dois pas non plus oublier de dire que, pour l'Algérie et pour nos travaux publics extraordinaires, qui nous ont coûté en 15 ans 2 milliards, et que nous avons faits sans ajouter à notre grand-livre plus de 1445 millions de dettes, nous avons trop pris sur le présent en lui prenant le reste, c'est-à-dire 555 millions. L'avenir profitera trop de ces avances et nous-mêmes en profiterons trop peu, pour qu'il fût juste de nous les imposer; et quoi qu'en disent quelques hommes à paradoxes, les résultats des surcharges de ce genre sur les peuples sont déplorables. Elles produisent pendant quelque temps au fisc une augmentation trompeuse de revenu, parce que tant de travaux à la fois hâtent la consommation, et avec elle les droits. Mais comme ils sont pour le moment improductifs, et détournent de la production trop de bras et de capitaux, le renchérissement des aliments les suit bientôt. La population est obligée de s'arrêter, si elle ne veut manquer de tout. C'est tout le contraire de la richesse.

Passons aux dépenses des autres ministères. Celles-là peuvent se modifier dès à présent, et l'on va voir si j'en ai dit un seul mot qui ne fût littéralement vrai.

Les finances emploient 70,000 personnes et dépensent, en traitements et consommations, 120 millions, pour recevoir et payer 1400 millions. Or, voici ce qu'on en peut supprimer :

4,500,000 fr. donnés à 446 receveurs et payeurs, dont la Banque de France ferait le service pour moitié de ce qu'ils coûtent.

11,300,000 fr. à 3,630 directeurs, inspecteurs, vérificateurs et commis des domaines, dont les fonctions se feraient mieux, partagées entre le personnel des forêts et ceux des contributions directes et indirectes

16,200,000 fr. à 6,924 commis des contributions indirectes, qu'un meilleur système d'impôts sur les boissons rendrait complétement inutiles.

____

32,000,000 fr.

Ces 11,000 employés rendraient, dans la vie privée,

à 3 fr. par jour et 300 jours , 9,900,000 fr. par an.

32,000,000 f. à payer de moins,

et 9,900,000 f. gagnés de plus

feraient donc un total de 41.900,000 fr. que de meilleurs ministres des finances pourraient épargner à tout le monde. En 15 ans ils nous ont ainsi mangé , intérêts compris, près d'un milliard.

CHAPITRE VIII.

Pertes résultant, pour la société, de l'absence de bonnes lois.

Les travailleurs improductifs , tels que banquiers, détaillants non confectionneurs , forment à peu près le quinzième de la population, et se partagent, aux dépens de la propriété et du travail productif, sans rien produire par eux-mêmes, un tiers du revenu net du pays, c'est-à-dire plus de 800 millions.

La moitié de leur nombre et de leurs bénéfices suffirait largement pour les services qu'ils rendent, c'est-à-dire pour mettre les denrées de toute nature à portée de la consommation , et exciter la production en lui en avançant le prix avant que la consommation arrive. Renvoyer ces improductifs au travail productif, au moyen d'une concurrence qu'il serait facile de leur faire partout, avec quelques établissements appartenant à l'état, dans chaque chef-lieu d'arrondissement, procurerait à toute la population, ces détaillants mêmes y compris, deux avantages :

1°   400   millions annuels d'économie;
2°   900   millions de richesse nouvelle, par le travail, à 3 fr. par jour pendant 300 jours, d'un million d'individus valides.

____

1,300   millions.

Une banque foncière , fournissant aux propriétaires d'immeubles, contre vingt annuités souscrites par eux et égales au montant de leurs impositions, autant d'annuités royales jouissant de tout le crédit de l'état ; puis la conversion de la Banque de France, telle qu'elle est, en Banque gouvernementale , ayant , comme la Banque de France, uno succursale dans chaque département, suffiraient pour donner au travail productif tout le développement possible , et pour établir en même temps une concurrence qui leur renverrait les détaillants. Il ne faudrait pas de capital pour l'une, et l'autre ne nécessiterait pas plus de 300 millions.

CHAPITRE IX.

Avantages concédés à la propriété au préjudice du travail.

Le ministère du commerce autorise la propriété seule à former des banques , des compagnies d'assurances et des tontines , tous établissements qui, gagnant sans produire sur les travailleurs productifs , et demandant le concours d'un grand nombre d'associés, devraient, afin de profiter à tous , être formés au moyen de contributions et d'emprunts. Le bénéfice de toutes ces compagnies ne va pas à moins de 10 millions nets, outre les intérêts à 5 pour 100. Si on agissait ainsi, il en reviendrait, au travail, moitié ; car nos 35 millions d'habitants se divisent à peu près par moitié entre la propriété et lui. 5 millions qu'il gagnerait et que l'autre gagne à sa place ajoutent donc 10 millions à l'inégalité naturelle entre eux.

Les charges de notaires, d'avoués, d'agents de change, de facteurs, etc. , pourraient et devraient être exercées par des mandataires de l'état au profit de tous, et il ne faudrait pas, pour leur salaire, la moitié de ce qu'on leur laisse gagner, c'est-à-dire d'une trentaine de millions par an. Encore 7 millions et demi de manque à gagner pour le travail, de gagné par la propriété à sa place. — Encore par conséquent 15 millions d'addition à leur inégalité naturelle.

Dans la dette publique se trouvent 147 millions de rente 5 p. 100, qui, depuis 1830, devraient être réduits à 117. Le travail contribue à ces paiements de trop pour 15 millions, que la propriété touche de lui. — Encore 30 millions de différence annuelle entre eux.

Enfin, sur 18 millions qu'il consacre à l'instruction publique, 5 millions sont employés à faciliter à la propriété l'étude des langues mortes.

Il est bon que tout Français sache lire et écrire , non
que la patrie lui doive l'éducation, mais parce qu'un
échange facile d'idées entre tous ses enfants est un avantage pour elle. Il ne l'est pas de donner pour rien, à des
gens qui peuvent la payer , une instruction différente de
celle de la basse classe, et qui ne sert qu'à augmenter
dans leur esprit la distance à laquelle l'orgueil d'avoir les
fait croire déjà d'eux à elle. Ajoutés à la dot des écoles
primaires, ces cinq millions seraient un bon emploi, dont
les riches devraient, pour que le résultat en fût complet,
profiter dans le premier âge avec les pauvres ; ils en
auraient plus de cœur. Distribués comme ils le sont à
la propriété seule, ils ne font que grossir de 10 millions
l'inégalité dont je me plains, et qui, je le répète, sans
ces auxiliaires, disparaîtrait à la longue.

Récapitulons.

> 10 millions par les autorisations de com-
> gnies anonymes, vivant aux dépens de
> la propriété et du travail, sans produire
> elles-mêmes aucune richesse.
> 15 millions par les offices, vivant de même.
> 30 millions par la continuation de rentes à
> 5, quand le taux d'intérêt est à 4.
> 10 millions par le don gratuit du latin et
> du grec aux riches.

Voilà en tout 65 millions qui, en 15 ans, font, avec
leurs intérêts, près de quatorze cent millions.

Songez, après tout cela, que

70 millions de droits sur le sel, ⎫ En tout, 250
80 — — sur les sucres, ⎪ millions de con-
50 — — sur les boissons, ⎰ tributions indi-
80 — — sur les tabacs, ⎭ rectes,

ôtent au travail le cinquième de ce qu'il gagne, tandis que la propriété n'y perd pas le vingtième de ses revenus, et osez soutenir que toutes ces combinaisons sataniques sont des inégalités naturelles !

Les taxes indirectes sont d'un recouvrement plus facile que les directes. Mais, par la raison, que je viens de dire, de leur pesanteur pour les uns, de leur légèreté pour les autres, elles sont foncièrement injustes. Le travail ne se replace jamais, quelque augmentation de salaire qu'il obtienne, dans une aussi bonne situation que s'il ne les payait pas; et cet accroissement de salaire, tout insuffisant qu'il est pour lui, nous ôte, pour les produits industriels, tout avantage sur les pays rivaux. La contribution directe n'a pas le même inconvénient; elle renchérit aussi les denrées, mais beaucoup moins, attendu que, pressurant la propriété sans attendre toujours ses ventes, elle rend la concurrence des propriétaires à vendre leurs denrées aussi grande que celle des travailleurs à offrir leurs bras. C'est pour cela que nous voyons sir Robert Peel remplacer tant de droits d'accise par l'income tax. Je ne sais s'il le fait parce qu'il a reconnu cette vérité, ou avec l'espoir de pouvoir réduire ou supprimer ce dernier impôt, quand la réduction de ses droits d'accise aura augmenté la consommation ; mais je suis sûr que, s'il a cette espérance, il sera obligé d'y renoncer. A quoi bon des impôts indirects qu'il faut réparer par une taxe des pauvres ? Mieux vaut abandonner les uns et pouvoir ainsi se passer de l'autre.

Ainsi, le gouvernement a, en 15 années, perdu, faute de se constituer conformément à son principe, environ quatre milliards et demi. . . . 4,500,000,000

Dépensé de trop dans son ministère des finances un milliard. 1,000,000,000

Laissé perdre, faute de veiller à ce que tout le travail soit utile, vingt-huit milliards en richesses, en repos, ou en jouissances. 28,000,000,000

Augmenté la supériorité naturelle de la propriété sur le travail de quatorze cent millions. 1,400,000,000

Achevé d'écraser ce dernier par un système de taxes sur les denrées de première nécessité, taxes bien plus lourdes pour lui que pour la propriété, et qui, réduites au moins de moitié, auraient donné à tous, sans rien faire perdre au trésor commun, une dose double de bien-être ;

Démoralisé, pour se soutenir, la société tout entière !

CHAPITRE X.

Subsistances et Banque.

Voici maintenant que, soit pour châtier, soit pour

avertir le gouvernement, le Ciel ajoute, aux embarras d'argent où ses prodigalités devaient le conduire, une disette de subsistances dont il n'a point su se préserver.

Quelqu'un lui avait, dès les premiers jours de novembre, fait passer le conseil de redemander vite à la Banque tout son avoir, de négocier jusqu'à 4 % tout ce qu'il pourrait de bons royaux, de reprendre, avec leur produit, jnsqu'à 500, tout ce qui traînerait d'actions de chemins concédés par la loi de 1842, et de déclarer en même temps qu'il n'en concéderait plus un seul de plus de 40 kilomètres. La Banque eût été obligée de se procurer de suite du numéraire, coûte que coûte, et ne manquerait pas à son devoir en resserrant aujourd'hui ses escomptes sans oser le dire; les capitaux qui ne voulaient plus de chemins de fer seraient sortis de terre contre des bons royaux; les gens qui ont trop d'actions se seraient débarrassés, sans que l'état eût besoin d'en prendre lui même, et la Bourse aurait repris confiance. Au lieu d'agir, on a mis à la cape, et le vaisseau est le jouet de l'orage. Même chose arrivera pour les grains; nous avons encore six mois à passer d'ici à la récolte, et on parle d'arrêter maintenant la hausse. Il n'y a qu'un parti à prendre quand on voit venir la disette, comme quand le numéraire baisse; c'est d'acheter, sans perdre une minute et sans regarder aux prix; c'est de les faire ainsi arriver sur-le-champ à une élévation telle que tout l'étranger expédie; c'est en même temps de défendre, par ordonnances et de quinzaine en quinzaine seulement, toute exportation de farineux (il s'agit bien de laisser faire quand il est question de vivre!), et de publier que, jusqu'à la moisson nouvelle, tout sera reçu sans droit. A moins qu'une pénurie semblable règne partout, l'élévation de vos prix amène plus de grains que votre consommation n'en exige; et comme c'est une denrée qui ne peut ni se conserver ni rétrograder sans beaucoup de dépenses, sa surabondance vous établit le prix moyen des mois pendant lesquels elle devait continuer d'enchérir, beaucoup au dessous de ce qu'il eût été sans votre prompte détermination. Nous en serions là maintenant, si on l'avait pris sur soi. On n'a pas osé. Le ministère anglais avait pourtant donné au nôtre, en 1845, une assez bonne leçon. Vous rappelez vous ce cri d'alarme jeté par sir Robert; comme tout son pays, à sa voix, s'est mis en mesure; comme il nous a repris tout son argent; comme il nous a renvoyé en quelques semaines la crise qui le menaçait! Il en sera toujours de même tant qu'on ne se croira ministre, en France, que pour empêcher autrui de l'être, pas le moins du monde pour gouverner; tant qu'on ne voudra rien résoudre soi-même, pour ne répondre de rien; tant qu'on renverra, dans ce but, toute question sociale à des commissions composées d'hommes ou aussi peu au courant que soi de ce qu'on leur donne à traiter, ou vieillis dans la routine, ou intéressés aux abus.

Je parlais tout à l'heure de la Banque; et, dans une espèce de répertoire de lois, par lequel je vais finir, pour faire penser à tout ce que devrait, suivant moi, donner

un gouvernement populaire, je dirai comment on pourrait fonder sur-le-champ une banque gouvernementale.
Je le demande, ce qui se passe ne semble-t-il pas fait ex-
près pour démontrer toute la nécessité d'un tel établissement? Est-il possible de voir rien de plus fatal que la
cupidité, la timidité, l'égoïsme, tour à tour imposés au
conseil de régence de notre Banque actuelle, par sa nature même, par son devoir de penser avant tout à ses
actionnaires? que la faiblesse ou la complicité des hommes placés par le gouvernement au dessus de ce conseil
et dans son sein, et qui ne sentent pas que, s'ils sont là,
c'est pour représenter l'état, c'est-à-dire toute la société; que, sans cette mission, ils seraient parfaitement
inutiles; qu'un président suffirait? A quoi bon ces trois
receveurs généraux régents, si ce n'est pour discuter
dans le conseil, les intérêts du Trésor (il est vrai que
ce n'était pas pour cela d'anciens agents de change, dé-
voués aux banquiers, qu'il fallait laisser nommer)? A
quoi bon ce gouverneur, ces deux sous-gouverneurs, si
ce n'est pour imposer l'intérêt public à ces intérêts pri-
vés? A quoi bon cette énorme concession d'un droit ré-
galien, d'un droit émanant de la société tout entière, du
droit de faire avec du papier de la monnaie, si la société
ne tire de cette concession aucun avantage pour elle?
Quel titre de plus qu'elle-même ont quelques centaines
d'oisifs pour s'en partager, à son détriment, tout le profit?

Comment! depuis trente ans les affaires industrielles
et commerciales ont triplé! depuis deux ans, un milliard

d'effets nouveaux, jeté follement dans la circulation , est venu donner lieu , par je ne sais combien de transactions, à autant d'obligations nouvelles ! la Banque ne s'est pas contentée de vouloir, sans augmenter son capital, sans même profiter des moments les plus favorables pour réaliser 51 millions placés par elle en rentes, tous les bénéfices nouveaux que cette masse d'affaires lui pouvait procurer à Paris ; elle a doté de 32 millions, dans les provinces, seize succursales , toujours sur le même capital ; grâce à une incroyable munificence de notre ministre des finances, qui lui a laissé des années entières, sans intérêt, 100 à 150 millions à faire valoir, tandis qu'il porte bravement dans chacun de ses budgets 15 à 18 millions d'intérêts payés par lui soit à ses receveurs généraux, soit au public , elle a avancé parfois à ces succursales plus qu'elle ne possédait en propre ; elle voit , après cela, diminuer l'argent de ses caves , et elle balance trois mois entre un resserrement de ses escomptes et un renchérissement de leur taux ! Et elle ne se hâte pas de réparer son imprévoyance, son avidité de dividendes, en demandant partout des espèces, en faisant faire à long terme, par nos premières maisons, sur tous les pays où il s'en trouve, toutes les opérations propres à empêcher un temps les changes de monter et par conséquent les envois à nous faire de s'arrêter ! Ignore-t-elle ces éléments de la science du Banquier ? Qu'est ce, en pareil cas, que quelques pertes de change à subir, que quelques commissions à payer ? quand, pour avoir cent millions, elle en eût perdu deux ou trois! Et ministre des finances, et gouverneur, et sous-gouverneurs, et receveurs régents ont souffert ces hésitations, dont les suites devaient tant ébranler le crédit public et particulier! Et nos grands journaux prodiguent l'éloge à 25 malheureux millions venus de Londres, quand nos achats de grains pressent, et en font sortir de France six fois autant!

Voilà les suites de cette déplorable habitude de gouverner par des voix achetées une à une, de cette obéissance misérable à trois ou quatre cents personnes, tandis qu'il serait si facile de les faire obéir elles mêmes, en s'appuyant toujours sur l'intérêt de tous. Les lieutenants de nos ministres, nos ministres eux-mêmes, ne savent plus les droits de l'état, à force d'égards pour les particuliers.

Avec une Banque prétendue de France, et dotée exclusivement du droit de créer du papier-monnaie, jamais nous ne devrions voir en France une crise faute de numéraire. Ses actions sont au capital de 1,000 fr.; ses bénéfices les ont portées au triple. Qu'elles retombent à 1,000 fr. s'il le faut, avant que le commerce, que l'industrie, que le Trésor, que le peuple, manquant de pain, doive à cette cause particulière une seule minute de souffrance.

J'entends parler d'émission de billets de 250 et de 100 fr. dans Paris. Cela était bon tant que nous n'avions pas pu réunir assez d'argent pour les besoins de notre circulation. Maintenant qu'elle s'est maintenue quinze ans, vingt ans, trente ans, à trois milliards, il serait absurde de laisser diminuer cette masse de métal que l'expérience nous a démontrée égale à celle des appoints à nous payer réciproquement, en créant des billets de banque plus petits que ceux que nous avons. A mesure que nos départements s'habitueront à ceux qu'ils ont, cette masse baissera bien assez. Cent cinquante millions sortis ou devant sortir temporairement contre des grains ne nécessitent pas une mesure pareille ; et, dans un pay s - actions, de révolutions, de confiance folle et de folle défiance, dans un pays où le gouvernement travaille, depuis plusieurs années, à tout dissoudre, à tuer tout esprit national, il n'y a pas moyen de mettre beaucoup de papier à la place de beaucoup de métaux, sans s'exposer à d'affreuses, à de périodiques catastrophes. Il n'y en a qu'un de les empêcher : c'est celui que j'ai dit ; c'est de faire, chaque fois que cela est nécessaire, à temps surtout, et non pas après des mois entiers de réflexions et de discussions, tous les sacrifices qu'il faut pour avoir toujours assez d'espèces. La France, bien conduite, a assez d'industrie et d'agriculture pour pouvoir compenser à peu près ce qu'elle importe par ses exportations ; le numéraire, par conséquent, ne peut pas, à moins d'obstination à mal faire, y baisser de manière à manquer aux différences de ses transactions intérieures, et à la priver de payer l'étranger, si parfois elle en a besoin. Elle prend bientôt sa revanche.

Si la Banque ne peut plus faire tout ce qu'il faut avec le capital qu'elle a, si, après avoir engagé (non pas vendu, ce n'est plus le moment) les rentes dans lesquelles elle a fait l'imprudence de placer une partie de ses fonds, et qu'elle aurait dû réaliser dans un moment d'exubérance, dès que ses affaires ont augmenté, elle ne veut pas augmenter ce capital par une émission d'actions nouvelles, au gouvernement d'en faire une à côté d'elle, en attendant que l'expiration de son privilége lui permette d'aviser sur elle. Il y a place pour deux.

CHAPITRE XI.

Loi électorale qui rendrait la propriété souveraine.

Art. 1er. Tout officier de la garde nationale et tout membre de corps municipal sont électeurs.

Art. 2. Tout Français est éligible.

Art. 3. Les élections se font aux chefs-lieux de départements.

Ce système existe déjà de fait dans beaucoup d'arrondissements. C'est de lui qu'est sorti à Paris, l'année dernière, M. Casimir Périer.

Je n'ai pas besoin de dire qu'à mon avis, si la royauté veut faire place à une république, elle n'a qu'à accepter une loi dans ce genre des mains des conservateurs.

CHAPITRE XII.

Autre pour une trinité populaire.

ART. 1ᵉʳ. Tout Français âgé de 25 ans, sachant lire, écrire, et payant un impôt direct, a droit de concourir aux élections de députés; en personne s'il paie 1500 fr. d'impôt ou s'il est porteur des pouvoirs de contribuables de son canton payant cette somme entre eux et lui; par un fondé de pouvoirs, s'il délègue ce qu'il paie. Les contributions des femmes, des mineurs et des interdits, comptent aux maris et aux tuteurs.

. Les articles 2 et 3 comme ci-dessus.

ART. 4. Pendant 9 ans, à partir de la promulgation de la présente loi, la chambre des députés se renouvellera chaque année par neuvième.

Cette loi donnerait dans la chambre des organes à tous les intérêts, et pourtant écarterait de l'élection, puisque pour le premier degré chacun y concourt de chez lui, les passions qui s'allument dans les foules.

Les impôts directs montant à 360 millions, on aurait, pour les représenter tous, 240 mille électeurs. Pas un contribuable qui n'eût son organe; pas un électeur ou un éligible qui ne méritât de l'être, soit par son intérêt à l'ordre, soit par la confiance de ses concitoyens.

L'article 4 de la loi a pour objet de la pouvoir obtenir de notre chambre actuelle.

CHAPITRE XIII.

Loi sur la rédaction, la présentation des lois et la responsabilité des ministres.

Art. 1. Toute commission officielle, telle qu'en ont nommé jusqu'à ce jour les ministres pour l'étude et la préparation des lois à faire, leur est formellement interdite.

Art. 2. Un ministre nouveau, celui de la législation, sera seul chargé d'étudier, de faire et de présenter les ois. Leurs motifs et leur dispositif devront être en minute écrits de sa main et conservés. Il sera chef du cabinet et du Conseil d'état, qui sera ôté au ministre de la justice pour lui être attribué. Il répondra des autres ministres, vis-à-vis du roi comme des chambres, et les accusera au besoin devant celles-ci réunies pour qu'elles les jugent, ou sera accusé lui-même, le cas échéant, par la chambre des députés, devant celle des pairs, qui le jugera.

Depuis que chaque ministre apporte aux deux chambres, pour les faire achever par elles, des lois faites tellement quellement par les bureaux de son département, il n'y a plus d'ensemble ni d'harmonie, ni entre toutes les lois, ni dans chacune d'elles entre ses articles ; depuis surtout qu'on a pris l'habitude de lancer à l'improviste des amendements, de les adopter ou de les repousser à la hâte, rien que de décousu et d'éphémère.

Ce n'est pas avec des travaux préparatoires pareils, avec des assemblées tumultueuses pour les juger, qu'on arrivera jamais ni au bien, ni à la force.

Voyez Solon, voyez Lycurgue, voyez Numa, s'ils n'ont pas travaillé tout seuls, et si leurs établissements n'ont pas duré. Voyez si tout ce que nous avons de bon en fait de lois économiques et administratives n'est pas dû soit à Sully, soit à Colbert, travaillant seuls. Si le Conseil d'état de l'empereur a aussi bien fait, c'est que trois ou quatre têtes seulement se partageaient les lois à faire : moins il y aura de faiseurs, mieux on fera.

Il ne peut y en avoir moins d'un, un est donc ce qu'il y a de mieux. Une seule tête, point distraite par les grandeurs et les plaisirs, point gâtée par un traitement trop considérable et par des aides trop nombreux, forcée à travailler elle-même, en faisant sa gloire et son bonheur, tirant tout d'un même principe par une continuelle méditation, intéressée enfin par son propre salut à ce que les autres ministres exécutent toujours bien sa pensée acceptée par le souverain, voilà la seule manière de réussir !

Veut-on gouverner dans l'intérêt de tous ou dans l'intérêt de quelques-uns ? Veut-on s'appuyer sur l'honneur, le talent, la propriété territoriale ou la richesse mobilière ? Qu'on choisisse. Mais après, que tout marche au même but, et que, si quelqu'un en dévie, les chambres en fassent justice. Il est désespérant de penser que la société en soit encore, après trente ans, réduite à un seul moyen de punir les mauvais ministres : l'expulsion de ses rois, et son propre bouleversement.

CHAPITRE XIV.

Loi sur les rentes.

ART. 1er. Toute conversion d'inscriptions de rentes 4, 4 1⁄2 et 5 p. 100 en certificats au porteur est suspendue.

ART. 2. Tant qu'il restera sur le Grand-Livre de la dette publique de France une somme quelconque des rentes actuelles 5, 4 1⁄2 et 4 p. 100, quiconque voudra, à partir de la promulgation de la présente loi, des rentes 3 1⁄2 p. 100 à 90, n'aura qu'à verser ce qu'il désirera placer ainsi, soit au Trésor public à Paris, soit chez un receveur général de département, pour recevoir, dix jours après, une ou plusieurs inscriptions de rente aux noms qu'il indiquera. Il ne pourra être demandé ainsi moins de 25 fr. de rentes.

ART. 3. Le 1er de chaque mois, ce que le Trésor aura ainsi reçu sera publié dans les journaux, affiché aux portes du Trésor et de chaque recette générale, et employé à rembourser à 100 plus l'intérêt couru, d'abord du 5, puis du 4 1⁄2, puis du 4, en commençant, pour chaque nature de rentes, par les rentiers qui en auront le plus.

ART. 4. Tout porteur de rentes 5, 4 1⁄2 et 4 p. 100,

qui ne voudra pas rester exposé à ce remboursement ,
aura jusqu'à la publication mensuelle de la somme à employer, et du moindre chiffre de rente qu'elle atteindra,
la faculté de requérir du ministre des finances la conversion de ses rentes 5, 4 1/2 ou 4 p. 100 , en rente
3 p. 100 , aux mêmes époques. Ladite conversion de
rente en rente moyennant versement de :

20 f. par 5 fr. de 5 0/0.
14. 17 par 4.50 de 4 1/2.
8. 33 par 4 fr. de 4 p. 100.

ART. 5. Ni le 3 1/2, ni le 3 p. 100 , de nouvelle création, ne seront dotés d'amortissement. Il n'en sera ra-
cheté que lorsque les recettes d'une année auront excédé
ses dépenses.

ART. 6. A mesure de conversion ou de remboursement de 5, de 4 1/2 et de 4 , la dotation actuelle de ces
fonds sera réduite dans la proportion du capital converti
ou remboursé, et les remboursements seront appliqués
a ubudget extraordinaire.

Cette loi ferait cesser le spectacle de deux chambres
opposées l'une à l'autre vingt ans de suite ; rendrait, par
un régulateur commun, le 3 1/2, leur vraie valeur rela-
tive au 5, au 4 1/2, au 4 et au 3 p. 100 ; ne précipite-
rait rien, aucun remboursement ne pouvant avoir lieu
qu'au moyen d'une accumulation nouvelle de capitaux
bien démontrée ; supprimerait l'amortissement sans vio-
ler la foi jurée , et le remplacerait par des arrosements

qui permettraient autant de travaux que son détourne-
ment, avec cette nuance qu'on n'en entreprendrait pas
d'écrasants pour la génération présente, au profit des gé-
nérations futures. Les rentiers qui arroseraient pour se
soustraire à la chance d'être remboursés ne perdraient
pas un sol de leur capital, puisque leur nouvel effet vaudrait ce qu'ils le payeraient. Nul ne pourrait se dire hors
d'état de l'acquérir, puisqu'il suffirait de vendre pour cela un peu de l'ancien effet, et quant à la petite perte sur
l'intérêt, toute plainte serait absurde en présence d'argent réalisé sur le même pied. Enfin, plus d'intervention
de traitants; l'état n'en a plus besoin.

Je pense que, si les sommes encaissées par le trésor
se montaient très haut, elles devraient être employées
d'abord à racheter des actions de chemins de fer, que le
gouvernement choisirait. Il acquerrait ainsi peu à peu la
majorité dans chacun d'eux, et en redeviendrait le maître, beaucoup plus tôt et à bien meilleur marché qu'avec
sa faculté de rachat par totalité de chemins et au bout d'un
certain temps. J'ai dit appliqués au budget extraordinaire, pour qu'on agisse suivant les circonstances.

CHAPITRE XV.

Première loi pour fonder le crédit foncier.

Art. 1er. L'administration de l'enregistrement et des
domaines est supprimée. La perception des droits d'enre-

gistrement est confiée à l'administration des contributions directes ; la perception du timbre, à l'administration
des contributions indirectes ; la garde des domaines et la
perception de leurs produits, à l'administration des forêts.

ART. 2 Dans chaque chef-lieu d'arrondissement, il
sera établi un registre contenant les propriétés, leurs contributions leurs hypothèques, leurs mutations Ces derniè-
res s'y feront par transferts que certifieront les notaires.

ART. 3. Les juges de paix, tribunaux et notaires seront (ces derniers à peine d'amendes et de dommages-in-
térêts envers les parties lésées) obligés de signifier au
dépositaire dudit registre les décès, testaments, partages,
interdictions et tutelles, de telle sorte qu'aucune hypo-
thèque légale ne puisse rester inconnue comme à présent.

Je n'ai jamais compris la résistance de nos prétendus
conservateurs à ce que les dettes de la propriété ne soient
pas toutes connues. A quoi peut-il servir que des propriétaires qui ne le sont point passent pour l'être, à ce
que d'honnêtes gens qui croient prêter avec sûreté soient
à tout moment trompés par eux, à ce que le gouvernement croie s'appuyer sur des hommes influents et n'ait
pour appui que des hommes dans la dépendance de cré-
anciers ? Que résulte-t-il de tout cela, et des entraves, et
des droits exagérés ? Que la propriété immobilière, c'est-
à-dire ce qu'il y a de plus solide au monde, est sans crédit, qu'elle ne peut par conséquent emprunter qu'à des
intérêts usuraires, qu'elle ne produit pas la moitié de ce

qu'elle devrait produire, et que le trésor perd de l'argent à sa gêne et à son immobilité ; le gouvernement, de la force et du respect à la fausse position de ceux qui ont l'air de posséder et qui l'entourent.

Plus de 11 millions seraient économisés annuellement par la dispersion de l'administration des domaines dans trois autres administrations. Le fisc serait moins facile à tromper sur les droits qui lui sont dus, puisque le prix des biens et l'impôt dont ils sont frappés se contrôleraient l'un l'autre en passant sous les mêmes yeux. L'état de chaque propriété serait limpide ; sa valeur en serait à la fois plus forte et d'une réalisation plus commode.

CHAPITRE XVI.

Seconde loi.

Art. 1er. Tout propriétaire payant au moins 110 fr. de contribution foncière sur une propriété libre d'hypothèques aura désormais la faculté de requérir du directeur d'enregistrement et de contributions directes de son arrondissement, contre vingt annuités d'autant de fois 110 francs que sa cote de contributions en contiendra, lesdites annuités par lui souscrites, exigibles par douzièmes comme ses contributions, et donnant ouverture aux mêmes privilèges, aux mêmes voies de contrainte qu'elles, vingt bons royaux d'autant de fois 100 francs, au porteur, souscrits par le receveur général du département et payables chez lui, à la suite de tirages annuels, le 31 décembre des mêmes années.

Aʀᴛ. 2. Tous propriétaires payant moins de 110 fr. auront droit de requérir le même service, c'est-à-dire 20 bons royaux de 100 fr. chaque au nom de l'un d'eux, en se réunissant pour former 110 fr. de contributions à eux tous, et en souscrivant solidairement 20 annuités de cette somme.

Aʀᴛ. 3. A chaque morcellement de propriété soit par vente, soit par décès, les nouveaux propriétaires seront de droit substitués comme débiteurs solidaires au vendeur ou au décédé. Ils seront admis à l'escompte de leur dette commune.

Il y a en France 45 milliards au moins de propriété foncière.

Il y a d'impôt foncier 280 millions.

Il y a de dettes hypothécaires 14 milliards; intérêt à 5 p. 100, 700 millions, et cet intérêt que j'énonce à 5 est de plus de 8, en moyenne.

Il est donc probable que la moitié au moins de 280 millions serait échangée en annuités, contre pareille somme moins 10 p. 100, en bons royaux, qui serviraient de papier-monnaie à 4 p. 100 d'intérêt au plus par an.

Or, 140 millions pendant vingt ans feraient ensemble, valeur aujourd'hui à 4 p. 100, une valeur circulante nouvelle de 1,904 millions, au lieu des contrats hypothécaires, si difficiles à réaliser, que nous avons. Ce septième des créances existantes serait d'une mobilité ex-

trême, et il aurait l'avantage de ne point permettre l'exportation du numéraire , comme la permettent des billets.

Le trésor gagnerait à cela 10 p. 100 sur la totalité de
ses émissions, et les propriétaires, tout en lui payant ces
10 p. 100, en 20 ans , à 1⁄2 p. 100 par an, y gagne-
raient encore plus que lui.

On va trouver peut-être que je m'écarte de mes prin-
cipes en favorisant les plus riches par la nécessité de payer
110 fr. d'impôts pour être admis à échanger des annuités
contre des bons royaux. Ce n'est pas pour favoriser la richesse que je propose cette restriction ; ce n'est pas même pour éviter le trop grand nombre de petits bons
royaux : j'aimerais à en voir de 55 fr. ; c'est pour faire
obstacle à ce qu'on achète un petit morceau de terre dès
qu'on a quelques écus ; c'est en même temps pour pousser par l'article 2 les petits propriétaires à s'associer en
nombre suffisant pour remédier un peu à la trop grande
division des terres.

CHAPITRE XVII.

*Première loi pour augmenter la consommation des ob-
jets de première nécessité par une diminution et une
perception meilleure des impôts de douane et de consommation. Sur le sel.*

Art. 1er. A partir du 1er juillet 1847, le droit de consommation sur le sel ne se paiera que 10 francs le quintal
métrique, à trois, six et neuf mois de terme.

Art. 2. Tout marais salant ou saline devra livrer à l'administration des contributions indirectes, avant tous autres, tout ce que celle-ci, de trois mois en trois mois, pour la durée du trimestre, requerra de ses produits, au prix moyen de ses ventes sur place, pendant les années 1842-3-4-5-6, droits non compris, ledit prix payable comptant.

Art. 3. Tout propriétaire de marais salant ou de saline convaincu d'avoir vendu à d'autres qu'à l'administration des contributions indirectes une quantité quelconque de sel requise par elle, sera interdit, et son matériel et approvisionnement confisqués.

Art. 4. Par ses bureaux de tabac ou tout autre entreposeur qu'elle choisira, l'administration des contributions indirectes vendra partout le sel au public, directement et en détail, sans pouvoir exiger de lui plus de 13 centimes par kilogramme de sel gris, 14 centimes par kilogramme de sel blanc, plus 1 centime par 10 myriamètres et par kilogramme depuis le lieu de production le plus prochain.

Art. 5. Un mois après l'ouverture de la session prochaine, le ministère rendra compte aux chambres du résultat des achats et ventes de sel opérés par son administration des contributions indirectes.

Cette loi a deux buts : d'abaisser l'impôt sur le sel sans que les commerçants détournent à leur profit une partie des avantages de cette mesure, en privant les produc-

teurs et les consommateurs, à qui seuls elle doit profiter; puis d'entrer dans une voie indispensable à suivre,
si l'on veut écarter le paupérisme : celle d'une concurrence faite par l'état lui-même aux classes improductives,
pour réduire leurs profits de telle façon qu'un nombre
raisonnable de citoyens y reste seul.

L'augmentation de bien-être qui résulterait pour toute
la société d'un ensemble de mesures dans ce sens est immense. S'il est permis d'espérer que l'abaissement du
droit du sel doublera ou triplera de suite sa consommation, ce n'est qu'ainsi.

CHAPITRE XVIII.

Seconde loi. Sur le sucre.

ART. 1ᵉʳ A partir du 1ᵉʳ janvier 1848, le sucre ac-
tuellement taxé à 38.50 les 100 kilogrammes, ne le sera
plus qu'à 30 francs. La même réduction de 8.50 sera
faite sur toutes les autres qualités tant exotiques qu'indi-
gènes.

ART. 2. Les producteurs de sucre indigène et les
consignataires de sucre exotique seront tenus, comme
les producteurs de sel et sous les mêmes peines, de livrer à la direction des contributions indirectes, avant
tous autres, tout ce qu'elle leur demandera de trois mois
en trois mois pour la durée du trimestre, à leur prix

moyen de vente sur place pendant les années 1843-4-5-6 et 7, ledit prix payable comptant.

Art. 3. Les contributions indirectes, par leurs bureaux de tabacs et autres, revendront en détail ce qu'elles auront acheté de sucre, sans pouvoir en exiger plus que leur prix d'achat, augmenté des frais de transport et du droit énoncé ci-dessus, plus dix pour cent.

Mêmes motifs que pour la loi sur le sel.

CHAPTRE XIX.

Loi sur les vins et les esprits.

Art. 1er. Le mode de perception actuel des droits sur les boissons et esprits ne sera plus suivi que pour les existences actuelles.

Art. 2. A partir du 15 août prochain, tous les ans et dans tous les lieux de production, l'administration des contributions indirectes surveillera la confection des vins et leur conversion en esprits, ouvrira sur un registre commun un compte à chaque producteur et lui fera souscrire un bon.

de f. 2.—» par hectolitre de vin.

. . . . par . . . d'esprit à. . . degrés,

. . . . sauf augmentation ou diminution de . . .

par degré de plus ou de moins.

Art. 3. Sous peine d'amende du double de la valeur des manquants au prix du jour des meilleurs vins et esprits du lieu , nul producteur ne fera ou laissera sortir de chez lui ses vins et esprits sans en avoir acquitté les bons ou les avoir fait acquitter par l'enleveur.

Art. 4. Les bons et amendes seront recouvrables par les mêmes voies que l'impôt direct, et donneront au Trésor plublic les mêmes priviléges que lui.

Art. 5. Les enleveurs de vins ou d'esprits, marchands en gros, pourront payer les bons des producteurs en billets à ordre convenablement cautionnés, restituables s'ils exportent, ou prolongeables, s'ils restent en entrepôt, de tout le temps que la marchandise y séjournera.

Art. 6. Partout ailleurs qu'aux lieux de production, la circulation et le commerce des vins et des esprits seront libres.

Art. 7. Tout producteur, marchand ou autre, convaincu d'avoir vendu pour vin autre chose que du vin, ou du vin étendu d'eau pure ; pour esprit de vin , autre chose que de l'esprit de vin, ou de l'esprit de vin étendu d'eau pure, sera exposé deux heures, emprisonné six mois , et ne sera plus admis comme souscripteur ni de bons , ni de billets à ordre.

Traiter de même les autres boissons qui paient.

La moitié au moins des commis de contributions indirectes deviendrait inutile. La France produit 40 millions d'hectolitres de vin. Le produit des boissons est de 50 millions. Cette perception produirait donc plus que l'autre ; elle réprimerait la fraude et ne vexerait personne.

CHAPITRE XX.

Loi sur les douanes.

Art. 1er. Les droits d'entrée seront réduits sur les articles ci-après, savoir :

Sur les fontes. . . . . de 1 fr.
Sur les fers. . . . . de 2 } les 100 kil.
Sur les aciers. . . . . de 3

Art. 2. Ils seront pris sur les bestiaux de toute provenance au poids, comme sur les bestiaux de provenance
sarde et d'après le même tarif.

Art. 3. Sur les peaux de mouton tant sèches qu'avec
laine, et sur les laines en masse, ils seront réduits de
5 pour 100 sur la valeur. Les droits fixés en plus reste-
ront les mêmes.

Art. 4. Tous bestiaux accompagnés de quittances de
droits d'entrée auront droit, s'ils ressortent du royaume,
à une restitution de moitié.

Je suis loin de partager, sur les douanes, l'opinion de
MM. les libres-échangistes. Suivant eux, les abattre serait pour la France tout bénéfice, parce que, ne travaillant plus à produire que les choses plus chères ailleurs,
elle gagnerait à la fois sur ses ventes et sur ses achats.
Suivant moi, ce serait sa ruine, parce que, ne produi-
sant que des aliments à meilleur marché que ses plus

proches voisins, les seuls chez qui règne ce système, elle commencerait par payer son bénéfice sur leurs produits manufacturés, de la ruine de tout son matériel industriel, et de tout le temps nécessaire pour changer l'emploi de ses travailleurs ; et qu'ensuite, la production des aliments étant lente, leur voyage coûteux et leur conservation difficile, leur insuffisance suivrait fréquemment leur excès, et lui ferait perdre à en racheter plus qu'elle n'aurait gagné à en vendre. Ce serait sacrifier aux commerçants et aux oisifs, d'abord les producteurs, puis la cité tout entière, c'est-à-dire, en d'autres termes, faire tout l'inverse du bon sens. Avec nos colonies seules, parce qu'elles sont à la fois nos filles et les nourrices de notre marine, nous devons ne considérer nos droits de douane que comme droits de consommation.

De ce que le libre échange est la plus folle rêverie du monde, pour un pays plein et aux deux tiers agricole, mais dépourvu d'animaux, vis-à-vis d'un pays plein aussi et aux deux tiers manufacturier, mais où surabondent les machines, il ne s'ensuit pas que nous devions nous priver de ce que nous ne pouvons pas, quelque prix que nous y mettions, produire en assez grande quantité pour nos besoins actuels. Ne nous occupons donc point de protéger nos producteurs pour ce qu'ils ne peuvent pas produire. Laissons entrer ; calculons seulement le prix auquel ils pourraient nous vendre s'ils étaient prêts ; et si le prix au dehors est moindre, prenons à l'acheteur la différence.

CHAPITRE XXI.

Loi postale.

ARTICLE UNIQUE. Toute lettre ou pli cacheté pesant moins de 8 grammes ne paiera désormais qu'un décime dans la ville d'où elle sera partie, et que 3 sur tous les autres points du royaume, quelle que soit la distance parcourue. Ce prix sera doublé pour les lettres de 8 grammes et demi à 16 grammes, triplé pour celles de 16 grammes et demi à 24 grammes, et ainsi de suite.

Le prix moyen des lettres qui se distribuent dans le royaume va à 43 centimes pour chaque. Les prix indiqués ci-dessus doivent suffire pour exciter à écrire davantage. Je proposerais de vendre des cachets en papier gommé, pour servir, comme en Angleterre, à l'affranchissement des lettres, si l'on ne se figurait pas en France qu'un vol fait au fisc n'est pas un vol. Mais les cachets seraient certainement contrefaits et la recette nulle. Avant de penser à des mesures de ce genre, il faut ramener le pays à des sentiments plus droits.

CHAPITRE XXII.

Première loi pour décharger les pauvres en chargeant davantage les riches.

ARTICLE UNIQUE. A partir du 1ᵉʳ janvier 1848, toute

profession quelconque, employant du travail humain, paiera autant de fois l'impôt de trois jours de travail calculé dans chaque localité par l'administration des contributions directes suivant sa valeur notoire, qu'elle emploiera, hors de son ménage, d'ouvriers mâles ou femelles et ne payant pas eux-mêmes l'impôt.

Tout Français est obligé de prendre, sur son travail de l'année, trois jours pour la chose publique ; à plus forte raison sont-ils dus par des hommes qui exploitent à leur profit tout le temps des autres, pour cette multitude de pauvres gens à qui ils le paient le moins qu'ils peuvent.

CHAPITRE XXIII.

Deuxième loi. Suppression des octrois.

Art. 1er. A compter du 1er janvier 1848, partout où il existe des octrois, ils seront supprimés, et remplacés par les impôts ci-après :

Art. 2.

Sur les loyers de	500 fr. à	1,000 fr.	. . .	5 %
	1,000	à 2,000.	. . .	6
	2,000	à 4,000.	. . .	7
	4,000	à 8,000.	. . .	8
	8,000	à 16,000.	. . .	9
	16,000	à 32,000.	. . .	10
	32,000	à 64,000 et au dessus		12

Sur les voitures particulières :

à 4 roues. . . . . . 500 fr.

à 2 roues. 200

Sur les chevaux de voiture et de selle. . . 100

Sur les domestiques mâles. 100

Sur les domestiques femelles. 25

Sur les chiens. 25

Comme les droits de douane et de contributions indirectes, les octrois élèvent le prix des aliments et des boissons, autant pour le pauvre que le riche, font perdre un temps précieux aux travailleurs, emploient improductivement je ne sais combien de commis, et de plus démoralisent en provoquant la fraude. C'est la plus grande injustice du monde. Et qu'y gagne-t-on à Paris ? C'est qu'une personne sur trois y meurt à l'hôpital, qu'on est obligé de rendre en aumônes aux indigents ce qu'on leur fait ainsi payer de trop ; que ces aumônes vont précisément aux paresseux, et que ce sont les meilleurs qui succombent. Pendant ce temps, le luxe des appartements et des mobiliers s'élève au delà de toute raison ; c'est donc lui qu'il faut frapper. S'il ne rend pas assez avec les tarifs que j'ai mis, qu'on les mette plus haut.

On répond aux partisans de l'impôt sur le luxe qu'il est inutile de les mettre, parce que ceux qui les paieraient sont peu nombreux. C'est précisément parce qu'ils sont peu nombreux et accaparent à eux seuls les moyens d'existence d'une multitude de familles qu'il faut les faire payer pour elles.

CHAPITRE XXIV.

Première loi pour aider directement le travail, le soustraire à la tyrannie du capital, et pousser dans les classes qui produisent le plus d'improductifs possible. Banques centrale et départementales.

Art 1er. Il y aura à Paris une banque gouvernementale centrale , dirigée comme l'est la banque de France actuelle, par un gouverneur, deux sous-gouverneurs, deux censeurs, et seize régents, et représentée dans les 86 chefs-lieux de départements par 86 comptoirs organisés exactement comme elle, à ceci près qu'un directeur remplacera les gouverneur et sous-gouverneurs du centre.

Art. 2. Son capital sera fait, par toute la France, au moyen de ventes de forêts et de domaines publics pour trois cent millions de francs, et, en attendant ces ventes, au moyen d'obligations payables sur leur produit.

Art. 3. Les gouverneur et sous-gouverneurs seront seuls nommés par le roi, et nommeront seuls les directeurs des départements. Les censeurs et régents seront nommés partout par les conseils généraux.

Art. 4. Ses opérations consisteront :

1° A faire battre la monnaie et à créer le papier nécessaires à la circulation du royaume, sans pouvoir porter celui-ci à plus de trois fois son capital.

2° A escompter partout les engagements des producteurs, des voituriers et des navigateurs qui lui paraîtront dignes de confiance, et qui répondront l'un de l'autre, au nombre de trois au moins. — Ni les propriétés ou rentiers non travailleurs, ni les commerçants, soit en gros, soit en détail, ne seront assistés par elle.

3° A réunir les impôts perçus par les receveurs particuliers, soit des contributions directes et indirectes, soit des douanes, à faire partout les paiements que le ministre des finances lui ordonnera de faire, et à diriger les excédants sur les points qu'il lui indiquera.

4° A établir dans chaque chef-lieu du département un magasin national muni de sel, de sucre, ainsi que d'objets manufacturés les plus nécessaires au peuple, et les tenant en tout temps à sa disposition, à 10 pour 100 au plus de bénéfice, sur le prix payé au fabricant; et dans chaque ville ou port jouissant du droit d'entrepôt, un entrepôt avec warrants représentant les marchandises, et en facilitant la cession sans déplacement.

5° A agir sur les effets publics, quand besoin sera, de manière à contrebalancer les manœuvres des grands financiers et les effets des fausses nouvelles.

6° A faire aux finances, en cas de besoin, des avances sur les contributions directes ou sur les annuités territoriales.

7° A faire à primes des assurances sur la vie et contre la conscription, des assurances maritimes, et de meubles contre le feu.

8° A faire une caisse d'épargnes à primes dont les bénéfices lui vienneut en aide pour prêter d'autant plus aux travailleurs.

ART. 5.. Tous les ans l'inventaire de la banque sera remis le 31 janvier au plus tard, avec le compte-rendu de ses opérations de l'année précédente, tant au ministre des finances, qui les fera vérifier par sa cour des comptes, qu'aux deux chambres, qui en approuveront ou en blâmeront en dernier ressort la direction.

Une telle banque ne serait pas moins bien conduite que les anciennes. Ce n'est pas leur intérêt privé que gèrent les gouverneur, régents et directeurs actuels. Ils ne sont que des mandataires d'actionnaires, responsables, vis-à-vis de ceux-ci seulement, de l'exécution de leur mandat. Pourquoi donc les mandataires de la société tout entière seraient-ils moins habiles que les mandataires de mille ou deux mille particuliers?

Et voyez la différence de services et de résultats !

Les banques actuelles n'ayant à consulter que les intérêts de leurs actionnaires, n'étant pas à même de tout savoir en fait de consommations et de productions, ne pouvant enfin prêter qu'à ceux qui possèdent ou qui leur paraissent posséder, développent et resserrent tour à tour, au juger, le signe circulant et les crédits, augmentent ainsi souvent les crises au lieu de les prévenir, et ont, en outre, l'inconvénient de ne gagner ce qu'elles gagnent qu'au profit d'un petit nombre.

Une banque gouvernementale, au contraire, dirigée dans l'intérêt général, serait toujours, grâce aux moyens et au droit qu'a le gouvernement de tout suivre, de tout savoir, au courant de la consommation comme de la production. Elle pourrait, sans risque, prêter directement à des associations de travailleurs honnêtes, au lieu de les laisser pressurer par des industriels, pressurés à leur tour par des capitalistes et des banquiers, qui prennent par an 2, 3, 4, 5, 6 p. 100 sur leurs billets, pour la peine d'y ajouter un nom. Elle ne développerait et ne resserrerait qu'à propos et à bonnes enseignes le signe circulant et les crédits ; enfin, elle gagnerait pour tous ce qu'elle gagnerait. Et dans la levée des impôts, quelles économies elle ferait faire! On a déjà parlé de cela plus d'une fois. On n'en a pas assez parlé, puisque ce n'est pas encore fait.

Quant au moyen de la doter, est-il nécessaire de démontrer ses avantages? Bien que les forêts rendent maintenant beaucoup plus que sous la Restauration, il est évident que leur valeur, employée à faire une Banque, rendrait encore davantage, indépendamment des droits qui résulteraient de leur mise en circulation.

Dans son admirable volume sur les origines et les causes de la Révolution de 1789, M. Louis Blanc suppose, page 279, qu'un des buts du système de Law a été de rétablir en France, au moyen d'une Banque d'état et d'une monnaie nouvelle tirant sa valeur de la confiance publique, l'équilibre rompu entre le riche et le pauvre, par la présence d'une monnaie ayant une valeur intrinsèque.

Puis il ajoute, page 283, que Law prétendait, avec cette monnaie, arriver à la suppression complète des impôts et des emprunts.

C'est avec des souscriptions individuelles que Law a fondé, d'abord sa banque au capital de 6 millions en 1,200 actions de mille écus de 5 livres banco chaque; puis sa Compagnie d'Occident, au capital de 40 millions en 200 mille actions de 500 livres, dont un quart payable en espèces, trois quarts en billets d'état perdant 80 pour 100. C'est par le même procédé qu'il a porté, en vendant 50 mille actions nouvelles de 500, 550 liv., et 50 mille autres semblab'es, 1000 liv., le capital de cette Compagnie, devenue Compagnie des Indes, à 117 millions et demi. Lorsqu'il a ensuite offert à l'état, pour le mettre à même de se liquider, 1,500 millions, et s'est procuré cette somme en faisant émettre par sa Compagnie 300 mille actions de plus, au prix de 5,000 livres, payables de mois en mois par dixièmes, c'est contre 45 millions de rente et le bail des fermes générales, dont le profit annuel était évalué 15 millions, qu'il a fait cette offre. C'était une heureuse idée, pour rétablir tout d'un coup le crédit public, que celle de substituer ainsi à des valeurs d'état de toute forme, et dont personne ne voulait plus, une seule nature d'effets, une masse d'actions réunissant à 4 pour 100 d'intérêts assurés de belles éventualités. Mais les bénéfices de la compagnie, si elle en eût fait, n'eussent jamais exempté d'impôts le pays. Il n'en aurait pas moins été exploité par elle, comme il l'était par les frères Pàris.

M. Louis Blanc fait donc à Law, en lui attribuant ses deux grandes idées d'émancipation du travail et de suppression d'impôts, un honneur qui lui appartient à lui, et que Law ne mérite pas.

Il est vrai que Law avait demandé que sa banque fût une banque d'État. Il est vrai aussi qu'elle devint telle un moment, toutes les actions en ayant été, sur ses instances, rachetées pour compte du Roi. Mais à quoi fit-il servir la facilité que ce titre lui donnait de porter d'autant plus haut la masse de son papier monnaie ? A en fournir sans compter aux prodigalités du prince, à pousser au prix absurde de 18 mille livres les actions de sa gigantesque compagnie, comme si un revenu de 500 millions avait été possible à espérer pour elle; à faire ainsi changer de mains un capital de 10 millards, à faire faire à mille parvenus de la veille les plus effrontées dépenses, à faire sortir du pays une énorme somme d'argent contre objets de luxe fabriqués par l'étranger, à développer dans tous les cœurs les plus ignobles instincts. Rien dans tout cela qui ait produit une véritable richésse. Joueur déterminé toute sa jeunesse, Law avait tenu le pharaon chez une fille et s'était fait chasser de Paris par M. l'intendant de police d'Argenson, lorsque la mort de Louis XIV et l'état déplorable dans lequel ce prince laissait les finances lui permirent de rentrer en France et de faire goûter ses plans par le conseil des finances du Régent. Un te homme ne pouvait guère être que ce qu'il a été, un fléau.

CHAPITRE XXV.

Deuxième loi. Assurances mutuelles contre le feu.

Art. 1. A partir du 1er janvier 1848, toutes les propriétés construites en France s'assureront mutuellement contre le feu. Les sinistres seront, sur déclaration d'incendiés, contrôlés par l'administration des contributions directes, réglés par les conseils municipaux, payés par les receveurs de finance, et remboursés à l'état, pour chaque année l'année suivante, d'après le tableau général des paiements, faits au moyen de centimes additionnels au montant de l'impôt foncier.

Art. 2. Le nombre des centimes additionnels ne sera pas le même pour toutes les propriétés; elles seront, par les soins des contributions directes, divisées en catégories suivant leur degré de combustilité, et chacune de ces catégories aura sa quotité de centimes.

Il serait désirable d'en faire autant contre les inondations; mais ce ne serait pas juste, puisqu'il n'y a qu'une petite portion du pays qui y soit exposée, et que ceux qui courent ce danger y trouvent une large compensation dans un sol d'autant plus riche en humus qu'il est plus bas.

CHAPITRE XXVI.

Troisième loi. Sur les offices.

Art. 1. A partir du 1er janvier 1848, tout notaire, avoué, agent de change, courtier de marchandises, commissaire-priseur, huissier, facteur de la halle, ou autre officier public qui viendra à décéder, à se démettre, ou à être destitué, sera remplacé par un mandataire du gouvernement qui exploitera pour lui, et qui lui en rendra compte, moyennant cautionnement, traitement fixe, et moitié dans les bénéfices bruts. Le gouvernement, qui le nommera, répondra de ses faits et gestes.

Art. 2. Les cautionnements et traitements fixes sont fixés ainsi qu'il suit :

Pour les notaires. . . . caut. 200,000 trait. 10,000
   — avoués. . . . . .100,000 . . . 5,000
   — agents de change. . .500,000 . . .25,000
   — courtiers. . . . . 50,000 . . . 2,500
   — commissaires-priseurs . 50,000 . . . 2,500
   — huissiers. . . . . 50,000 . . . 2,500
   — facteurs . . . . . 50,000 . . . 2,500

Le but de cette loi est de mettre un terme aux abus déplorables qui se commettent dans les professions que je signale. De celles qui ressortissent du ministère de la justice, les unes ne rêvent que mémoires de frais, pour spolier les malheureux plaideurs ; les autres que spéculations de toutes sortes, quand elles ne devraient faire que des contrats. Celles qui ressortissent des finances soufflent le jeu et l'immoralité partout, ruinent tout le monde ou se ruinent elles-mêmes, en sont quittes pour disparaître, et font de par la loi précisément ce que la loi défend. L'état ne pourrait ni ordonner ni souffrir de tels désordres dans des mandataires à lui. Les Banquiers sont parvenus à faire croire que sans marchés à terme et sans un tripot toujours ouvert il n'y a pas d'emprunt public et de grandes opérations de finances possibles. Cela est faux, complétement faux; jamais traitants ne se mettent sur la brèche sans s'être assurés que le public les suivra. Quand ils se sont trompés en y comptant, ils ne rougissent pas de demander grâce et de faire annuler leurs engagements. Qu'on repasse toutes les grandes affaires depuis 1818, on n'en trouvera pas une dont je ne puisse prouver que le public seul a toujours fait les frais, eux seuls recueilli tout le profit.

CHAPITRE XXVII.

Loi pour arrêter la division du sol et la concentration des capitaux mobiliers par l'agiotage.

Art. 1ᵉʳ. Tout fractionnement de grande propriété territoriale en portion de moins de cent hectares est désormais interdit, à moins qu'il n'ait lieu pour bâtir.

Art. 2. Il ne sera plus inscrit aux noms d'une même

personne, sur le grand-livre de la dette publique, au delà de 100,000 francs de rente.

Art. 3. Toute action ou rente au porteur est interdite. Celles existantes seront d'ici à six mois converties en titres nominatifs, transférables par endossement; celles qui ne se présenteront pas perdront, tant qu'elles y persisteront, leurs arrérages jusqu'à la cinquième année. Après ce terme, elles seront annulées.

Art. 4. Aucune création d'actions ni de rentes ne sera désormais permise sans versement préalable de 25 p. 100 de leur capital. Tout titre provisoire énonçant des paiements à faire est interdit. Tout individu convaincu d'en avoir ou créé, ou vendu, ou acheté, soit pour son propre compte, soit pour autrui, sera puni d'un mois de prison et d'une amende égale au montant de la négociation prouvée.

Art. 5. Toute autorisation de Société anonyme sera accordée ou refusée dans un mois à partir du jour constaté de la demande.

Le but de l'article 1er est de rendre possible la reproduction et l'élève des bestiaux.

On a cru rendre les cadets plus heureux en supprimant le droit d'aînesse; on a cru rendre les terres plus fertiles en dispersant les couvents. On a détruit l'esprit de famille, car l'aîné continuait le père; on a rendu la terre plus pauvre, car elle reçoit moins d'engrais. Comment en serait-il autrement? A force de partager les héritages, les parcelles de sol sont tellement petites qu'à peine suf-

fisent-elles à nourrir ceux qui les cultivent ; tellement
enclavées les unes dans les autres qu'il est impossible
d'arriver au tiers, à la moitié d'entre elles, sans fouler autrui. Comment y élever des animaux ? Je sais bien que
la houe, que la bêche, produisent plus que la charrue.
Mais bêchez, piochez sans relâche, vous ne tirerez de la
terre ni un bœuf, ni un mouton. Des animaux ! des animaux ! voilà, dans l'agriculture, ce qui enrichit le plus :
avec eux, nourriture substantielle, chauds vêtements, fer-
tilité toujours croissante ; sans eux, aliments chétifs, vêtements secs, sol épuisé. Chaque Français n'a déjà plus
en viande que la moitié de sa part d'autrefois, que moins
du tiers de la part d'un Anglais. Que sera-ce si nous
finissons ce siècle comme nous l'avons commencé ? On
travaillera énormément, on produira en proportion ;
mais notre race dégénérera, et nous resterons toujours,
en présence de nos voisins, dans la nécessité de changer avec eux, quand nous aurons besoin de leurs produits, la production de cent travailleurs contre celle de
dix.

Le but des articles 2 et 3 est d'arrêter la concentration
incessante de la richesse mobilière dans un trop petit
nombre de mains. Une telle loi eût été détestable il y a
trente ans ; nous ne pouvions nous débarrasser de
l'Europe entière, qui nous avait envahis, sans lui
payer une rançon énorme, et cette rançon, nous
la procurer qu'en détournant pour un temps donné, par toutes les séductions imaginables, beaucoup

de capitaux , tant nationaux qu'étrangers , de leurs direction ordinaire. Mais il aurait fallu , ce besoin satisfait, renvoyer doucement les nôtres à nos champs et à nos manufactures. Nos gouvernements ont mieux aimé profiter de l'habitude prise , pour pouvoir dépenser beaucoup. Il en résulte ce que nous voyons : d'abord une famille, parvenue, par le seul fait d'avoir appliqué constamment tout ce qu'elle a eu de capital à elle et pu s'en procurer par son crédit, à acheter et à vendre des effets publics sans jamais s'engager que pour des sommes relativement minimes dans des immeubles, ou dans ce qu'on appelle capitaux fixes en agriculture et en industrie ; parvenue, dis-je, à accaparer successivement cinq cents millions, c'est à-dire la subsistance d'un an de deux millions de travailleurs, et causant ainsi , sans le savoir et sans qu'on y prenne garde, plus de misère et de démoralisation à elle seule que les incendies , les inondations et les invasions les plus terribles ; puis, son exemple suivi par tous les banquiers et capitalistes en situation de l'imiter, et la soif de gagner par la ruine d'autrui, sans travailler, sans produire et sans aider la production . devenue peu à peu le caractère distinctif de toute la classe la plus élevée du pays.

Je ne sais si une loi comme celle que j'indique là pourrait rester toujours en vigueur ; elle touche plus que je ne voudrais à la liberté ; et plus tard, il faut l'espérer , les propriétaires de parcelles, mieux inspirés qu'aujourd'hui, la rendront inutile en s'associant. Mais il est indispensable d'y recourir provisoirement, quand les mœurs ne permettent plus ni d'empêcher une division fatale des terres, en rétablissant le droit d'aînesse, ni de se défendre des envahissements du capital, comme les princes et les populations du moyen âge, ou comme nos révolutionnaires de 93.

Je n'attaque point, comme eux, la propriété et les personnes, et j'arrête le mal mieux qu'eux.

Pour peu qu'on prenne la peine d'y réfléchir, il est facile de comprendre pourquoi la concentration excessive des capitaux fait plus de mal que n'en faisait jadis celle des propriétés territoriales. Un capital est une provision de richesses ou de signes qui les représentent toutes ; une terre n'est au contraire qu'un fonds dont on les tire, mais avec du travail, du temps, plus quelque chose devant soi, pour pouvoir passer ce temps. Un propriétaire de terres, à moins qu'elles ne soient stériles, les fait toujours cultiver. Il lui en faut les produits pour les échanger contre d'autres L'homme qui possède un capital n'a, au contraire, qu'à en prendre ce qu'il lui faut pour se procurer tout ce qu'il veut. Son intérêt est bien, en général, de le faire produire, comme le propriétaire sa terre, afin de ne point l'entamer. Mais quand cet intérêt disparaît à ses yeux devant un avantage plus grand ; quand il peut, en ne prêtant pas, en ne faisant pas travailler, forcer, par le manque absolu d'argent, de cette représentation de tous les biens du monde, le pauvre travailleur à lui céder, il manque plus rarement qu'un propriétaire foncier d'abuser

ainsi de sa force, car rien ne rend insensible aux privations des autres comme d'être en situation de n'en éprou -
ver jamais soi-même.

Maintenant, comparons la vie que se font les prolétai-
res en acquérant un quart d'arpent dès qu'ils le peuvent,
ou même auparavant, et, dans ce dernier cas, s'endet-
tant, à celle qu'ils mèneraient si, continuant un peu plus
long-temps de travailler pour autrui, moyennant salaire,
se réunissant pour se loger, se nourrir, se chauffer, se
blanchir à moins de frais, et portant tout l'excédant de
leurs besoins de chaque jour aux caisses d'épargne, pour
n'être jamais surpris par ce dénûment complet dont je
viens de dire qu'abusent les riches, ils étaient obligés de
n'acheter qu'en commun, dès qu'ils en auraient le moyen,
de grandes terres cultivables par des machines, et sus -
ceptibles de nourrir des animaux. Il suffit d'énoncer les
deux situations pour faire sentir tout l'avantage de la
dernière. Elle est douce et confortable. L'autre est dure
et pleine de privations.

Il y a, je le sais, un danger pour le pauvre dans cette
faculté que lui donne une petite somme toujours présente
de se laisser aller au vice. Mais pourquoi ce danger exi-
ste-t-il? A cause du malheur de sa position et de l'igno-
rance crasse où il reste. Il a besoin de s'étourdir. Resté
brut, il ne pense, comme la brute, qu'au moment. Dieu
me garde de demander à l'état d'autres leçons que de
lecture, d'ecriture et de morale, et de lui créer, par
une instruction plus étendue, des besoins d'imagination

plus féconds en chagrin qu'en bonheur ! Mais qu'on lui donne ces leçons-là, et le danger des vices n'existera pas plus pour lui que pour les classes supérieures à la sienne.

CHAPITRE XXVIII.

Loi sur les biens communaux.

ART. 1er. Tout bien communal rendant à la commune qui le possède moins de 10 francs par an l'hectare sera loué au mieux pour trente années à quiconque, justifiant de la libre disposition d'un capital de 200 francs par hectare, s'engagera à y mettre et à y entretenir, aussi par hectare, toute la durée de ce bail, ou dix moutons, ou dix porcs, ou un bœuf, ou une vache.

ART. 2. Toute commune qui ne trouvera point de locataire de ses biens aux conditions de l'article 1er les vendra aux enchères, à charge de remploi en rentes, sans pouvoir les fractionner en morceaux de moins de 100 hectares, ou empruntera dessus toute leur valeur, pour y faire élever des bestiaux par une association de pauvres travailleurs, auxquels le ministre du commerce et de l'agriculture enverra un directeur et des règlements.

ART. 3. En cas de non-paiement d'une année d'intérêt du capital emprunté, le prêteur deviendra propriétaire du bien, sans autre formalité que celle d'une mise en demeure et de la transcription, mais avec condition de ne pouvoir à son tour le fractionner lui-même plus qu'il vient d'être dit, article 2, ni lui, ni ses successeurs ou acquéreurs.

Les biens communaux produisent bien moins qu'ils ne devraient produire, puisque 4,700,000 hectares ne donnent guère que 45 millions, ou 9 fr. 50 c. l'hectare. Les trois systèmes dont la loi qui précède offre l'option remédieraient à la fois et au défaut de culture de ces terres vagues, et au danger de les voir se fractionner de manière à devenir, comme les héritages de la classe moyenne, impropres à l'élève et à la multiplication des bestiaux.

Je ne me figure pas que beaucoup de particuliers laissent, comme les communes, sans culture, tout ou portion de leur propriété. Si cela avait lieu, ils devraient être, comme elles, forcés de vendre ou d'affermer, ou d'emprunter dessus pour la mettre en valeur; l'intérêt général doit d'autant plus faire passer ici pardessus tout ménagement pour le droit de propriété, que cette violence faite au propriétaire est dans son propre intérêt.

CHAPITRE XXIX.

Loi pour donner aux travailleurs remplacés par les machines le temps de se retourner.

Art. 1er. Tout travailleur forcé de changer d'industrie par une machine nouvelle, et qui, accompagné de l'employeur de cette machine ou de deux témoins irrécusables, aura mis le conseil municipal de sa commune à même de constater le fait, recevra chaque semaine, pendant trois mois , du percepteur des finances du canton, sur bon du sous-préfet, une indemnité égale au prix de six jours de travail ordinaire dans sa localité.

ART. 2. Chaque année le trésor reprendra les indemnités payées par ses agents l'année précédente, ainsi qu'il est dit ci-dessus, en droits de patente sur les employeurs des machines qui y auront donné lieu.

Je sais tout ce qu'il faut d'encouragement aux inventions. Mais celles qui ne pourraient pas, après un an d'emploi, supporter trois mois d'indemnité à leurs victimes, ne sont pas des inventions utiles , et si la crainte de payer ces trois mois empêchait de les appliquer, à coup sûr ce serait un bien.

CHAPITRE XXX.

Loi pour remédier aux dangers de la Presse.

ART. 1. Le timbre des journaux est supprimé.

ART. 2. Il y aura un journal quotidien gratuit et franc de port pour MM. les maires et MM. les chefs de légions de la garde nationale du royaume. Il se bornera à donner les nouvelles du jour, à démentir, quand elles seront fausses, celles données par les autres journaux, à publier et à soutenir les actes du gouvernement.

ART. 3. Sa dimension ne pourra excéder une feuille de   décimètres carrés ; son prix , tous frais quelconques y compris, 10 francs par an l'exemplaire. Il sera envoyé franco, au prix de 20 francs, à quiconque voudra s'y abonner.

ART. 4. Il est ouvert pour cet objet au ministre de l'intérieur, un crédit annuel de   mille francs, lequel sera diminué chaque année des abonnements reçus l'année précédente.

Que le gouvernement ne subventionne secrètement aucun journal se donnant pour indépendant, cela est juste : le faire est tromper le public. Mais qu'il ne publie et ne défende pas lui-même ses actes, c'est une faiblesse. Le faire est son droit et son devoir. La Presse de l'opposition a pour elle la malignité humaine ; on lui laisse de plus le monopole de la littérature et des annonces. Ce sont d'assez grands avantages pour qu'elle ne puisse pas se plaindre de voir le gouvernement venir franchement, et sans autre séduction que celle de la certitude des nouvelles qu'il donnera, au devant de ses continuelles attaques.

CHAPITRE XXXI.

Loi sur les colonies, y compris l'Algérie.

ARTICLE UNIQUE. Les colonies auront désormais à la chambre un député par .... mille habitants. Ces députés seront élus, au chef-lieu de chaque colonie, par les membres du corps municipal et par les habitants payant une contribution directe de mille francs, ou munis des pouvoirs d'autres habitants complétant ce cens avec eux.

L'administration des colonies semblerait devoir être ôtée au ministère de la marine, celle de l'Algérie au ministère de la guerre, toutes deux être réunies, et appartenir à un ministère spécial, appelé ministère des colonies.

Cela dépend de la royauté; les Chambres n'ont pas besoin de le lui prescrire. Mais l'entrée de quelques députés de nos colonies dans l'une d'elles, comment se fait-il qu'elles ne s'en soient jamais occupées? Est-il juste, je le demande, que les intérêts d'un aussi grand nombre de nos compatriotes soient toujours discutés et réglés sans qu'ils puissent se faire entendre? Il ne suit pas de là que leur organisation doive être calquée entièrement sur la nôtre. Je crois, pour l'Algérie surtout, que ce serait une grande faute, et que, sous certains rapports, on y suit beaucoup trop, bien que sous un gouvernement exceptionnel, les habitudes de la France. Mais cela ne se pourra bien juger que lorsque nous entendrons ici des colons ayant passé quelques années en contact avec les Arabes. MM. les députés et ministres, qui se sont fait payer par le trésor le plaisir de les voir de loin quelques semaines, n'ont pas pu, quel que soit leur esprit d'observation, étudier à fond leur caractère, et ce qui est à faire pour les convertir à nous.

CHAPITRE XXXII.

Loi pour former des associations de pauvres travailleurs.

Art. 1er. La Caisse d'épargnes à primes dont il est parlé dans l'article 4, paragraphe 8, de la banque gouvernementale, sera formée au moyen de fr. 140,000 de rente 3 p. 100, que celle-ci lui fournira en trois inscriptions, savoir :

Une de fr. 80,000 de rente.
Id. 40,000 *dito.*   Ensemble 140,000 fr.
Id. 20,000 *dito.*

Il sera pourvu à sa direction par le gouverneur, les sous-gouverneurs et le conseil de régence de la Banque.

Art. 2. La Caisse d'épargnes, sur chacune des trois inscriptions susdites, créera mille billets au porteur, auxquels collectivement elle en attribuera les intérêts. Tous les six mois, pendant 30 ans, la moitié de ces intérêts, c'est-à-dire une somme de

20,000 fr., pour les mille billets issus de l'inscription de. . . . . 80,000 fr.
10,000 fr., pour ceux basés sur celle de. . 40,000
5,000 fr., pour ceux basés sur celle de. . 20,000

sera distribuée en trois lots :

$$\text{Le 1}^{\text{er}}\text{ de}\begin{cases}10,000\\6,000\\4.000\end{cases}$$
$$\text{Le 2}^{\text{e}}\text{ de}\begin{cases}5,000\\3,000\\2,000\end{cases}$$
$$\text{Le 3}^{\text{e}}\text{ de}\begin{cases}2,500\\1,500\\1,000\end{cases}$$

A 3 billets seulement, que désignera le sort dans chacune de ces associations de mille.

L'autre moitié du semestre sera remplacée en rentes, et, après le 60ᵉ semestre, chaque porteur de billets recevra, en le rapportant, une inscription de $\begin{cases}80\text{ fr.}\\40\\20\end{cases}$ de rente jouissance alors courante, plus une autre inscription, représentant en rente semblable les demi-semestres replacés et leur accroissement, le tout aux noms qu'il indiquera.

ART. 3. Les billets créés, comme il est dit ci-dessus, au moyen des trois inscriptions fournies par la Banque gouvernementale, seront tous les jours, jusqu'à une heure de relevée, tenus par la Caisse d'épargnes à primes à la disposition du public. Le prix de chaque billet sera celui de $\begin{cases}80\text{ fr.}\\40\\20\end{cases}$ de rente, jouissance courante, au prix moyen du jour de la demande, plus 10 p. 100 de prime. La Caisse d'épargnes achètera à la Bourse du jour autant de

fois 80 fr }
   40   } de rente qu'elle aura vendu de billets, les fera
   20   }

inscrire à ses noms comme sa dotation première , et quand elle en aura réuni pour 80,000 fr. }
                40,000   } de rente , elle créera
                20,000   }

de nouvelles séries de mille billets, qu'elle émettra comme il vient d'être dit, en achetant à mesure la contre-valeur de chaque.

ART. 4. Les bénéfices nets résultant des 10 % de prime sur toutes les séries de mille billets complétement vendues seront employés par la Caisse d'épargnes de la manière suivante. Elle achètera ou louera dans chaque département, en commençant par ceux où ses secours pourront aire le plus de bien , la terre, le bois , la fabrique ou la mine , qui lui paraîtra devoir rendre le plus , exploitée par au moins cent bras. Puis elle y enverra un agent, qui y choisira en nombre suffisant les volontaires, hommes et femmes valides les plus pauvres de la localité , pour les faire travailler en commun , sous des règlements qu'ils auront acceptés, jusqu'à ce que la différence entre les produits réalisés de leur travail et un prix de bail convenu ait reformé 1° le coût de leur logement, vêtement et nourriture, dont elle leur fera l'avance ; 2° les frais d'achat et d'entretien des animaux , meubles, ustensiles et outils, qu'il leur faudra et qu'elle leur confiera; 3° un pécule commun , convenu , lequel , dès qu'il sera complet , sera réparti entre eux ainsi que les outils, ustensiles, meubles et animaux , devenus leur propriété, au prorata des bons de travail amassés par chacun d'eux. Ces distributions donneront seules , à mesure qu'elles seront faites, à la Caisse d'épargnes à primes , le droit de changer les prix de ses baux, et celui de revendre , si elles les suppose arrivées à toute leur valeur , les propriétés que le travail ainsi dirigé et aidé par elle aura améliorées.

Art. 5. Le produit des baux passés par la Caisse d'épargnes à primes avec ses associations de travailleurs et celui des propriétés qu'elle revendra seront employés par elle, comme ses bénéfices sur ses billets, à étendre le nombre et l'importance desdites associations, jusqu'au moment où il ne se présentera plus de pauvres pour en faire partie — Ce moment arrivé, elle commencera par cesser ses émissions de billets , et par rétrocéder à la Banque gouvernementale sa dotation de 140,000 fr. de rente, qui, par le fait de ses achats successifs contre ventes de billets, se trouvera de trop dans l'une de ses caisses. Puis elle restreindra le nombre de ses établissements , et versera, à mesure des réalisations , leur produit dans la Caisse générale de la Banque, qui en tiendra compte au trésor public dans ses revirements avec lui.

Les sommes mises en loterie avec approbation du gouvernement ont toujours gagné 30 pour 100. — Et 30 pour 100 de prime sur 30 annuités en loterie font 10 pour 100 de prime sur leur total, ramené à sa valeur comptant.

Comment le public ne prendrait-il pas beaucoup de ces billets ? Ce ne sont pas des capitaux, pas même des intérêts qu'il **exposera**, car la moitié de 60 semestres replacés à mesure produit, au bout de 50 ans, plus que ne ferait leur totalité, mise à mesure dans une tirelire.

On peut espérer de vendre en quelques années au moins 8 ou 10 millions de rente sous cette forme, puisque, année commune, on mettait autrefois à la loterie en France plus de 16 millions par an. Leur prime peut donc servir à fonder pour 20 millions d'établissement.

Les pauvres seront rendus meilleurs et plus heureux par le travail, par l'émulation et par l'aisance.

Les preneurs de billets courront, 180 fois en 30 ans (60 tirages à 3 lots chaque), la chance de recevoir une prime double, triple de leur petit capital, ou au moins égale à lui, sans rien risquer, puisque ce capital leur sera, en tous cas, rendu au bout de 30 ans, avec ses intérêts entiers.

La Banque n'aura rien risqué non plus, puisque, s par hasard sa caisse n'avait pas vendu, au moment d'un tirage semestriel, toute une série entamée, elle aurait dans les primes perçues une compensation aux lots qu'elle serait exposée à payer.

CHAPITRE XXXIII.

Règlement pour les établissements des départements.

ART. 1er. Les travailleurs devront solidairement à la caisse d'épargne à primes le prix de bail convenu pour l'établissement dans lequel ils seront admis, les logements, vêtements et aliments qui leur seront fournis, l'entretien des animaux, meubles et ustensiles qui leur seront confiés.

ART. 2. Ils se ballotteront entre eux, avant toute chose, en considérant bien que, devant travailler et vivre en commun, leur intérêt est de ne se donner que de bons et utiles associés.

ART 3. Ils se soumettront, pour tout le temps de leur présence dans l'Etablissement, à ce que le représentant de la Caisse d'épargne ait la direction suprême et puisse renvoyer quiconque d'entre eux ne se conduirait pas bien. Ils nommeront entre eux, pour former un comité, que le représentant de la Caisse s'adjoindra et présidera, le double du nombre dont il jugera nécessaire de le composer. Il choisira parmi ces candidats ses conseillers, et parmi ceux-ci un vice-président, pour les cas où il sera obligé de s'absenter ; un secrétaire pour faire la correspondance, les procès-verbaux de séances et pour tenir les comptes ; un caissier pour l'argent et les valeurs ; un garde-magasin pour les denrées, ustensiles, meubles et

animaux qui n'auront été confiés à aucun travailleur spé-
cialement. Quiconque voudra se retirer de l'Etablissement en aura toujours la faculté en prévenant huit jours
d'avance.

ART. 4. Quand le nombre des travailleurs se trouvera
insuffisant, deux d'entre eux devront se réunir pour en
présenter un nouveau. Ce candidat sera d'abord soumis à
l'approbation du chef suprême, puis subira une semaine
d'épreuve, pendant laquelle il recevra, sans engagement
de part ni d'autre, le logement et la nourriture. Le hui-
tième jour, il sera procédé, par tous les membres de
l'Établissement, à un ballotage pour l'admettre ou le repousser.

ART. 5. Chacun s'engagera formellement à faire profiter la communauté de tous ses talents et connaissances,
quels qu'ils soient, soit en les appliquant aux choses qui
se présenteront à faire, soit en les apprenant aux autres,
et particulièrement aux jeunes gens. Tous devront prendre part aux travaux d'agriculture et de jardinage, surtout aux moments de la moisson.

ART. 6. Tout ce qui regarde, dans l'ordre social, les
domestiques, sera fait à tour de rôle par les jeunes gens
de l'un et de l'autre sexe au dessous de dix-sept ans. En
revanche, indépendamment de l'agriculture et du jardinage, chaque membre sachant une industrie quelconque
la leur enseignera, ainsi qu'il est dit article 5.

ART. 7. On travaillera, l'hiver, depuis le lever du so-
leil jusqu'à son coucher; l'été, depuis 6 heures du ma-

tin jusqu'à 6 heures du soir, mais avec des intervalles de
repos ou de leçons, calculés de façon que le travail
corporel n'excède pas 10 heures par jour. Une heure sera
attribuée au déjeuner et une heure au dîner.

Art. 8. Aucun jeu de hasard, aucun animal autre
que ceux fournis par l'établissement, aucune liqueur
forte ni tabac, ne seront admis ni tolérés.

Art. 9. Politesse et indulgence réciproque ; jamais
d'interpellation autre que le nom de famille ou de bap-
tême ; toute contestation quelconque déférée immédiatement à un ou à trois arbitres : telles seront les règles que
devront observer entre eux tous les membres de l'Établissement.

Art. 10. Les parents ne se mêleront pas des leçons données à leurs enfants tant qu'elles dureront. Tout enfant
d'un membre décédé sera protégé et élevé comme ceux
des membres vivants, et aura, comme eux, le droit de
devenir membre actif à dix-sept ans.

Art 11. Chaque soir, le comité se réunira pour distribuer des bons du travail fait dans la journée, fixer les
travaux du lendemain, et pour les distribuer, en consul-
tant, autant que possible, les goûts et les supériorités de
chacun. Des tablettes préparées et numérotées pour recevoir ces indications seront immédiatement suspendues
dans la salle à manger, et chacun n'aura qu'à consulter
la sienne pour savoir ce qu'il aura à faire le lendemain,
à 6 heures.

Art. 12. Un livre sera toujours ouvert, pendant le

jour, dans la salle de réunion du comité. Chacun y déposera, à son gré, les plaintes qu'il pourra avoir à faire, ou les idées qui lui surviendront. Le comité adoptera ou rejettera ce qui lui sera ainsi adressé, non sans écrire les raisons qui le détermineront pour ou contre.

Art. 13. La valeur des journées sera fixée dans chaque établissement à son ouverture, et pour tout le temps que durera le bail, suivant le prix de la localité. Celle des denrées le sera sur échantillons, qui seront gardés.

Art. 14. Les ventes de produits ou autres se feront par le garde-magasin, mais seront soumises à l'approbation du représentant de la Caisse d'épargnes, qui en fera verser le montant entre les mains du caissier. Dès que, indépendamment des avances de toute nature faites par la Caisse, l'excédant de ces ventes sur le prix du bail aura formé, pour l'association des travailleurs, un pécule convenu, le chef de l'établissement le leur distribuera, ainsi que tous les animaux et objets mobiliers qui seront devenus leur propriété, au prorata du nombre de bons de travail amassés par chacun d'eux. Il pourra changer le prix de bail, jusque là immobile, quelle que soit l'amélioration de la propriété de la Caisse, et sera maître de garder les mêmes travailleurs ou d'en appeler de nouveaux, comme eux de rester dans l'Établissement ou de le quitter.

Art. 15 Quand un travailleur se retirera ou sera renvoyé, ses bons de travail lui seront comptés contre les avances qui lui ont été faites, et la différence qui en résultera pour lui, s'il y en a, lui sera remise. Tout autre droit sera perdu pour lui.

CHAPITRE XXXIV.

Loi sur les fonds publics étrangers.

Art. 1er. Toute négociation et toute cote de fonds publics étrangers sont prohibées, à moins que ces fonds ne soient garantis par le gouvernement français.

Art. 2. Tout agent de change convaincu d'en avoir négocié sera destitué.

Art. 3. Tout individu, non agent de change, convaincu d'en avoir négocié ou d'en avoir publié le cours, sera puni d'une amende de mille à dix mille francs et de trois mois de prison.

Cette loi a pour objet de faire rester les capitaux du pays dans l'agriculture, l'industrie, les immeubles ou les fonds du pays. Depuis 30 ans, les Anglais, Suisses, Allemands et autres, qui sont venus charger ici le caractère et les mœurs de la Banque, ont introduit à la Bourse de Paris une multitude de fonds divers, dont quelques uns paraissent solides, et n'ont que l'inconvénient de nous prendre nos capitaux, quand nous n'en avons pas trop pour nous ; mais dont quelques autres, tels que ceux d'Espagne, de la Colombie, du Mexique, ont ruiné une

foule de nos petits rentiers. Du moment que notre gouvernement ne prend pas fait et cause pour ses adminis-
trés contre les gouvernements qui les volent (et en cela il
a grandement raison, ce serait se donner trop à faire);
il ne doit pas, en autorisant la cote officielle de ces fonds,
faire penser qu'il n'y voit, ni danger pour les capitalistes
que tentent leurs gros intérêts, ni dommage pour le travail français, à qui ces capitaux feraient grand bien. Nous
ne sommes pas ici dans un pays trop petit pour y pouvoir
employer notre argent. Laissons à la Hollande, à Genève,
leur habitude de disperser partout le leur, faute de sol.
Quel besoin avons-nous d'aller aider au dehors le travail
de nos voisins, de nos ennemis, au lieu d'aider de toutes
nos forces le nôtre? Cela est bon pour les cas où notre
politique y est intéressée. Dans ce cas-là, le gouvernement doit garantir, et prendre ses précautions avec les
puissances pour qu'il s'expose à payer.

1ᵉʳ février 1847.

TABLE

DES MATIÈRES.

CHAP.		Pages.
1.	Définitions.	1
2.	Paupérisme. Sa cause.	2
3.	Origine des mauvaises lois	7
4.	Vice de notre constitution.	9
5.	Tyrannie de la propriété. Aveuglement de la royauté.	11
6.	La propriété souveraine à elle seule.	12
7.	Dépenses stériles ou profitables seulement dans l'avenir.	15
8.	Pertes résultant pour la société de l'absence de bonnes lois.	18
9.	Avantages concédés à la propriété au préjudice du travail.	19
10.	Subsistances et banque	23

CHAP.		Pages.
11.	Loi électorale qui rendrait la propriété souveraine. . .	30
12.	Autre pour une trinité populaire.	31
13.	Loi sur la rédaction, la présentation des lois, et la responsabilité des ministres	32
14.	Loi sur les rentes.	34
15.	Première loi pour fonder le crédit foncier.	36
16.	Seconde loi. *idem.*	38
17.	Première loi pour augmenter la consommation des objets de première nécessité par une diminution et une perception meilleure des impôts de douane et de consommation. Sur le sel.	40
18.	Seconde loi. Sur le sucre.	42
19.	Loi sur les vins et esprits.	43
20.	Loi sur les douanes.	45
21.	Loi postale.	47
22.	Première loi pour décharger les pauvres en chargeant davantage les riches.	47
23.	Deuxième loi. — Suppression des octrois.	48
24.	Première loi pour aider directement le travail, le soustraire à la tyrannie du capital, et pousser dans les classes qui produisent le plus d'improductifs possible. Banques centrale et départementale	50
25.	Deuxième loi. — Assurances mutuelles contre le feu. .	56
26.	Troisième loi. — Sur les offices.	57
27.	Loi pour arrêter la division du sol, et la concentration des capitaux mobiliers par l'agiotage.	58
28.	Loi sur les biens communaux.	64
29.	Loi pour donner aux travailleurs remplacés par les machines le temps de se retourner	65

CHAP.   Pages.

30. Loi pour remédier aux dangers de la presse.   66

31. Loi sur les colonies, y compris l'Algérie.   67

32. Loi pour former des associations de pauvres travailleurs. 69

33. Règlements pour les établissements de travail.   .   .   . 74

34. Loi sur les fonds publics étrangers.   78

IMPRIMERIE DE GUIRAUDET ET JOUAUST,
rue Saint-Honoré, 315.

9 782019 97345